思想觀念的帶動者

文化現象的觀察者

本土經驗的整理者

生命故事的關懷者

{ PsychoAlchemy }

啟程，踏上屬於自己的英雄之旅
外在風景的迷離，內在視野的印記
回眸之間，哲學與心理學迎面碰撞
一次自我與心靈的深層交鋒

影の現象学

影子現象學

河合隼雄
KAWAI HAYAO
◎著
林暉鈞
◎譯

目次

認識陰影，一門必修的公民課
——不能只看向世界，必須也看向自己

鐘穎（心理學作家、愛智者書窩版主）

什麼是陰影？陰影是無意識的總稱，就其狹義的定義而言，可以專指「人格面具」的對立面。

陰影與它的層次

我第一次意識到陰影存在著不同層次，是在研究厲鬼傳說時發現的。有些鬼的描述更接近「惡」，而有些鬼則是帶著冤屈，想要透過訴苦得到緩解，或需要人類施以援手（協助遷墳、或陽壽未盡需要主角協助還陽）。前者更接近集體無意識，後者則比較接近個人無意識。

面對那些接近「惡」的存在，民俗的作法是將之送往大海，或者為之立祠祭拜，其目的都是為了保持距離。顯見古人很清楚，人不應過分地向集體的陰影敞開，以免受其所害。

河合隼雄博士認為，集體的陰影是人普遍難以接受與抗拒的心的內容，或許可稱為惡。不過，中國的傳說裡也存在著惡被轉化為神的案例，我在《傳說裡的心理學》中特別舉了兩個例子：成為秦廣王的蔣侯，以及被封為武聖的關公。

但厲鬼封神的時間耗時甚長，甚至要到千年，可見轉化何其不易。若我們過度向原型的世界敞開，很可能就會在裡頭迷路，出現精神病的症狀。

《影子現象學》詳細討論了陰影的分層，我想可以把淺層的陰影視為個人無意識中的「情結」，深層的陰影視為集體無意識的「原型」來理解。而一個人要擁有比較健康的人生，比較需要面對的其實是那些太過活躍的「情結」。

存在於夢境與社會議題中的陰影

根據作者的說法，他們在夢境裡出現時，是那些認得清臉孔與對象的人，他們甚至可以為當事人提供援助，以可愛的動物形象現身。反之，就會以較為暴力、模糊、以及更令人不舒服的景象出現。

不僅是夢境，陰影也經常在社會議題中發揮它無形的影響力。

作者提到，這本書的寫作背景是在一九六〇、一九七〇年代的日本大學校園。當時的日本爆發了激烈的學運，學生罷課，激進的左翼思想橫行，他深深感受到陰影駭人的影響力。

「那些不知道自己的心中有地獄的人，確信自己是善人，而在這個世界上創造出懲罰惡人的地獄。」

這句話或許同樣讓你覺得驚訝。一個不認識內部之惡的人，就會認為自己的鄰人是惡。這些鄰人是誰呢？首當其衝的是父母與社會。我們看見那麼多要求父母為自己負人生全責的永恆少年，那麼多將個人的失敗全然怪罪於環境的巨嬰。就知道有多少人以正義為藉口，找到了「做惡事的正當理由」。

他們在鄰人身上看見的是自己的陰影。那是書中所說的「白色的陰影」，也就是認為他人必須完美無瑕，否則就是罪大惡極的二元思考。只有透過炎上、出征與羞辱讓恐怖降臨在他人身上，這些人才會體會到躲藏於陰影中的生命力。

認識陰影因此成為一門必修的公民課。我們不能把兩隻眼睛都看向世界，必須留一隻眼睛看向自己。

黑暗小丑與詼諧小丑

在談到陰影時，也不得不提「搗蛋鬼／小丑」（trickster）原型。榮格形容他是一位反英雄，半人半獸，經常受屈辱。但他卻也是帶來拯救的神。那些能帶來轉化性能量的小丑或許可稱為健康的「詼諧小丑」。

如果人未能讓這樣的力量去改變自己過於狹隘、缺乏彈性的內心結構，那麼小丑就會變成完全破壞性的力量，趨近於惡。我們可把它稱為「黑暗小丑」。

有別於書裡所列舉的歐日神話與文學。我們此處也以傳說為例，聊聊臺灣最著名的小丑人物白賊七，以及他可能象徵著哪種小丑類型。

不論是哪個版本的故事，白賊七經常為鄰里帶來災禍。故事毫不避諱地描述白賊七用騙術害死無辜民眾的生命，最後他也以意外的方式死亡。讀者從故事中其實感受不到太多的趣味性。

我們在這裡看見了臺灣人（正確來說，應該是在台漢人）心中的小丑是反生命的。他帶來的主要是破壞。小丑通常會有一個更高的揶揄對象，例如教皇或國王。但是白賊七沒有，他扮演著令人生厭的角色，沒有小丑那種令人又愛又恨的特質。換句話說，臺灣人覺得陰影很惱人，只有賜死他才會讓人心安。

但反過來說，陰影之所以惱人，也意味著自我只使用單一的標準來看待陰影。陰影是一面鏡子，它反應了一個人認識世界的方式。小丑的存在如果會被抹殺，他們對體制與主流價值的幽默如果會被審查，那麼黑暗的能量就會帶來淘天的巨浪。這對社會與個人來說都會深具破壞性，這點尤其值得我們深思。

從這點來說，臺灣傳說的小丑人物似乎是黑暗小丑的前身。他可能一躍成為令人恐懼的殺神，也可能因為足夠的包容而學會用幽默來打開我們的視野。

結語：更認識陰影的人，也是低內耗的人

如果要將臺灣打造成一個更好的國家，除了展望未來之外，我們也要留心陰影在本土傳說以及當前流行的社會議題中會用什麼樣貌出現。

身處其中的我們是變得更寬容還是更憤怒？我們是就事論事還是慷慨激昂？小丑是令人恐懼的還是詼諧幽默的？這都是告知我們瞭解陰影何在的線索。

這本書所提供的心靈地圖是另一個值得重視的寶藏，但地圖不等於疆域，實際走上探索陰影的道路時，你必會發現此行絕不輕鬆。它的難度並不亞於成家立業，裡頭危機處處，已經處理過的議題經常改頭換面、反覆現身。

一個更認識陰影的人，也是低內耗的人。雖說分析是無止盡的，成長與整合也是無止盡的。但此書會幫助我們爬上制高點，瞭解困擾我們的夢境與人際關係，洞察再三卡住我們的議題與煩惱。

藉由案例解讀、故事、與神話的分析，河合隼雄博士鉅細靡遺地記錄了陰影的每個現象。透過對陰影的探討，作者也連帶指出了西方人與日本人心靈的差異。關於陰影的心理學，這本書的廣度與深度都是我所知最優異的。

起舞弄陰影，永結自性遊——《影子現象學》推薦序

李孟潮（精神科醫師、心理學博士、個人執業）

鳥鳴東西，迎其群侶。似有所屬，不得自專，空返獨還。

——《焦氏易林．隨之隨》

1．引言

一九八七年，河合隼雄出版此書之時，圍繞其京都之家的時空，一系列陰影整合的事件，也正在悄悄上演。

麥可．傑克森（Michael Jackson）正在橫濱舉辦「Bad 演唱會」。Bad 這首歌，從歌詞到 MV，都是在鼓勵青年們，一定要夠壞，也就是你一定要放下小虎隊、鄧麗君那種乖小孩的人格面

具，結交一群匪幫青年，在停車場鬼叫鬼吼，做一個擾民的壞小孩。中國大陸的音樂界人士受不了，他們一定要把 Bad 翻譯為「真棒」。因為「壞小孩」、搖滾樂、匪幫青年都是中華文化的陰影，要不然國共兩黨為何互稱對方「匪徒」幾十年。

也是到一九八七年這一年，海峽兩岸不再把「匪徒」這個陰影皮球踢來踢去。蔣經國解除戒嚴，允許老兵回「共匪」統治下的中國大陸探親，大陸也不再稱國民黨為「蔣家匪幫」，相反地開始報導鄧小平和蔣經國的同學情。[1]

雖然陰影投射稍有回收，但是聽說鄧麗君要去大陸開演唱會，蔣經國還是派宋楚瑜出馬，力勸鄧麗君打消了這個足夠壞、一點也不棒的計畫。

鄧麗君的人格面具就是女版乖乖虎，她對陰影的吸收和整合，起步於在演唱會上，翻唱麥可・傑克森的《Beat It》，止步於保持上野千鶴子式的獨身主義，不嫁人也不生娃，這在儒家威權主義倫理中，這就是足夠 Bad 了。

二〇二四年的今天，陰影原型再次升騰於全球各地，陰影整合仍然是海峽兩岸的老年人（如老鄧和老蔣）和太平洋兩岸的青年人（如小鄧和小 Michael）面臨的時代主題。

這本東方老人河合隼雄所寫的陰影整合老書再版，也是恰逢其時。

---

1 作者註：一九二六至一九二七年期間，鄧小平與蔣經國是蘇聯中山大學的同窗。當年鄧小平二十二歲左右，蔣經國十六歲左右，兩人都正在經歷永恆少年原型的洗禮。

本文簡要介紹本書各章節內容，並評述近年來相關書籍與本書的聯繫，為讀者提供擴展閱讀參考。鑒於二〇二一年本人在《擁抱陰影：從榮格觀點探索心靈的黑暗面》的導讀中，已詳細介紹了榮格學派的陰影理論及自助書籍，本文將重點補充那篇導讀未涉及的文獻。（李孟潮，2021）

2．本書內容評述

在介紹此書內容之前，有必要首先介紹一下河合隼雄的文風。河合的寫作量可以用「成百上千」來形容，大體上他的文風也是擺蕩於專業論文和普及散文之間。[2]就像鄧麗君和麥可的曲風一樣，在一種下里巴人的節奏中追求陽春白雪的韻律和唱腔。

以本書為例，你一頁頁地看下去，會覺得比較趣味盎然，似乎也沒有什麼閱讀門檻，字詞大多淺顯易懂，你可能會誤以為此乃寫給大眾讀物，然而每隔幾頁，你就可以看到註腳中一篇篇的參考文獻，這些文獻涵蓋了英文、日文、德文和法文，絕大多數只有資深心理治療師才會閱讀。一本十多萬字的書，居然有一百一十多個注解。甚至有些片段，他開展了既學術又開創性討論，比如第二章第三節「夢中的分身」。

而書名《影子現象學》，就更是妥妥的專業著作名稱，雖然在後記中，我們看到河合本人對此頗有微詞，但是我推測這個書名的日文編輯，是抓住了此書文風的專業屬性，此書的確可從現象學的立場去理解，也就是它對存在本質的直觀呈現，現象學還原。（羅傑．布魯克，2024）

以一種海德格爾的老子式道家靜觀的心態，我們可以慢慢地欣賞和閱讀本書的各個章節：

第一章、影子的重點在於「第二節、榮格的『陰影』概念」，看完了這一節就知道為什麼榮格學派的Shadow，要被翻譯為中文的「影子」和「陰影」兩個概念。廣義的Shadow，也就是整個無意識，用中文「影子」比較恰當，而「陰影」這個中文，則對應著狹義的Shadow，也就是無意識中那些不被人們接受的、或邪惡或禁忌的東西。

在「第一節、影子的形象」，他展現了各種影子現象，尤其是人類文化學中的影子現象，從而引出第二節的概念。但是在此之前，他又要首先介紹榮格的原心理學，就是「心」是如何構造的，也就是圖1所描繪的心靈結構地圖。

在「第三節、陰影的種種面貌」中，他引入了「投射」這個概念來說明為什麼會有陰影，因為陰影就是建立在分裂、投射和認同這些心理機制的基礎上，榮格分析師佛登（Fordham）把這些機制稱為「自性防禦機制」。（詹姆斯・阿斯特，2023）

正因為沒有覺察到投射等防禦機制，才會出現「陰影的反撲」、「代為背負陰影的人」這兩個小標題下描述的現象。

「代為背負陰影的人」這一節，專門提出了代罪羔羊這個想像，代罪羔羊在儒家威權主義社會中特別容易出現，所以才有丟了江山怪美人，以及現在年輕人抱怨的背負家族重擔的「東亞小孩」

2 作者註：可參考河合隼雄財團法人的網站：https://www.kawaihayao.jp/ja/work/work_list/

現象，鄧麗君和蔣經國不就是典型的東亞小孩嗎？（Perera, 1986）

這一章的最後一節，描述了「永恆少年」這個原型，這是因為榮格學派就是起家於中年危機，而大多數中年危機者，都是在青少年期沒有活出永恆少年的浪漫心性，就像麥可·傑克森或者「東亞小孩」那樣，小小年紀就活成中老年人，永恆少年成為了青春的陰影，到了中年期，永恆少年就會大爆發。

第二章、影子病的前兩節，更像是精神病學教材的補充讀物，非常適合精神科住院醫師開闊視野。但是到了「第三節、夢中的分身」，這節就是寫給榮格分析師們看的了。他甚至提出了一個比較突破性的假設，就是「日本人比西方人更重視自性的存在，因此日本人作為意識中心的自我，其存在的統合性比西方人薄弱，有時候甚至允許自我的分裂。」這個假設，多年後經由他的兒子，河合俊雄，做出某種程度的回應，簡而言之，這是前現代心態和現代心態的差異，而如今的日本人已經演化為後現代心態了。（李孟潮，2018）

本書的第三章、陰影的世界，更多是討論狹義的 Shadow，也就是陰影。

「第一節、黑暗」總結了「陰影」中的陰暗、黑暗的象徵意義，包括黑暗、黑夜和黑色的意義，其中有關黑色與煉金術黑化的討論尤其深刻；

「第二節、看不見的陰影」似乎又回到了精神病學教材擴充閱讀的路上，分別探索了了人格解體、卡普格拉症候群、幻聽和幻嗅這些精神病症狀。

「第三節、地下的世界」中描述的地獄和地下世界，也是具有邪惡和禁忌的成分，更多是狹義的 Shadow 了，比如提出地獄和極樂世界是相對的，顯然是具有惡業的人才投生到地獄，而文中提到地下世界的個案，也是因為體驗到了不道德的、陰暗的願望，才接觸地下世界，比如一個母親想要殺死孩子。但是實際上，地下世界不一定是邪惡的，比如詹姆斯・希爾曼在《夢與幽冥世界：神話、意象、靈魂》中討論過這個問題。（詹姆斯・希爾曼，2019）

正因為這些陰影不見容於道德和倫理，所以在這一節的最後一部分，闡述了祕密學說。祕密既是一種負擔，也是一種力量。正確處理祕密可以成為個人成長的催化劑。公開祕密則可以成為個體成長和自我實現的契機。這是為什麼心理諮商把忠誠保密列為心理師第一戒律，在此自由公民、平等互利的基礎上，個案才能對諮商師坦承自己的祕密。

「第四章、陰影的矛盾」論述了最常見的文化陰影：「trickster」這個原型。trickster 這個詞既有愚蠢者，也有愚弄者的意思，在中文中很難找到一個詞具有兩種矛盾的意義。

如果勉強地借用《西遊記》的金丹心性學說，則是坎卦和離卦所代表的金丹心性，坎卦由豬八戒代表，具有愚蠢的特性；離卦由孫悟空代表，具有愚弄他人的特性。但是坎卦和離卦相互依存，我們不難發現愚蠢的豬八戒表面上雖經常被悟空愚弄，但是他有時候卻具有一種權謀，可以離間悟空和唐僧的關係。

像八戒這種弄臣，對應的就是第四章第一節中的小丑。在文中，河合總結了小丑的四個方面：其一，他與君主形成了辯證互補的關係。他透過扮演代罪羔羊的角色，幫助君王維持其偉大、光明、正確的形象，同時他也扮演著揭露真相和打破規範的角色。其二，小丑兼具男女兩性特徵。其三，小丑是善惡一體的，正如二〇一九年 DC 電影中的《小丑》（Oussad & Ramdane, 2021）。

令人驚奇的是，也就在一九八七這一年，榮格派的安・貝爾福・烏蘭諾夫（Ann Belford Ulanov）也研究了小丑這個角色（Ulanov, 1987），在其後，陸續有一些榮格學者研究過小丑，甚至有人提出過可以扮演小丑，作為心理治療的一種核心技術。（Carp, 1998; Bala, 2010; Zumaeta, 2012）

在 Trickster 這一節，他更多突出了 trickster 的積極意義，trickster 具有打破規則、顛覆秩序的特點。他們可以在心理治療中扮演重要角色，幫助個體打破固有的思維模式，實現創造性的轉變。

近年來最讓榮格分析師頭痛的 Trickster 原型附體者，大概就是麥可・傑克森的好友川普總統了，同樣是在一九八七年，四十一歲的川普走出直升飛機，發表了一通抨擊美國政治的言論，和他二〇一六年以及二〇二四年的競選言論如出一轍。[3]

榮格分析師們如臨大敵，於二〇一六年出版了一本書，名為《當下清晰的危險：唐納德・川普時代的自戀》（*A Clear and Present Danger: Narcissism in the Era of Donald Trump*），不過這沒能阻止川普當選。

二〇二四年，榮格分析師們把這本書又再版，改名為《你已被警告過：唐納德・川普時代的自戀》（*You Were Warned! Narcissism in the Era of Donald Trump*），但顯然 Tik-tok 一代不吃這一套，川普不但再次當選，而且其獲得的年輕人選票甚至達到新高。

政治評論界也在使用榮格理論來整合川普陰影，《華盛頓月刊》的馬丁・朗文（Martin

Longman）撰文〈川普現在是榮格心理學家了？〉（"Trump Is a Jungian Psychologist Now?"），揭露了川普最愛看的一本書，居然是榮格的傳記《回憶．夢．省思》。（Longman, 2017）

另外一位政治評論人藍迪．費特爾（Randy Fertel），則寫文介紹了 Trickster 原型和川普的關係，與榮格分析師威廉．格雷瓦特（William K. Grevatt）的觀點非常接近。（Fertel, 2017; Grevatt, 2018）

在第四章的第三部分，介紹了陌生人這個現象，這一節似乎放在第一章更加合適，因為人們最常接觸到陰影原型的表現，就是夢中的陌生人。有關陌生人的榮格派研究，就更少文獻了，我們只知道，政治家們需要陌生的異國他鄉，來煽動仇恨和鄙視，而心理治療卻透過避免雙重關係的倫理，刻意保持個案和治療師的公民社會陌生人關係，這種又熟悉又陌生的治療空間，起到了消化陰影、承接陰影的作用，從而雙方可以敬聚散離合一輪明月，飲喜樂哀愁一杯好酒。（Hale, 1994; Saban, 2011; Marcus, 2020）

心理治療有三大問題，就是這個心理現象：它是什麼、為什麼、怎麼辦。存在主義、人本主義與現象學的心理治療，注重的是回答「是什麼」這個問題，精神分析注重的是「為什麼」。而認知行為療法，擅長於解決「怎麼辦」這個問題。

3　作者註：川普一九八七年的言論，見此網頁：https://www.politico.com/magazine/story/2016/02/donald-trump-first-campaign-speech-new-hampshire-1987-213595/

這本書的前幾個章節可以說都是在展現陰影是什麼，直到最後一個章節，才開始討論為什麼有陰影，以及如何在心理分析中整合陰影。

在第五章的「第一節、自我與陰影的雙重世界」中，它探討了分裂這個防禦機制，呼應第一章的第三節。河合也分析了「一」與「二」的概念，指出「二」代表分離、對立和衝突，是人類意識結構的支柱。他認為「二」的產生基於母與子的關係，是所有創造性的基礎。

要特別提出的，是他使用了赫曼・赫塞的小說《德米安：徬徨少年時》一書中的「雙重世界」概念，描述了個體成長中兩個對立世界的並存，以及它們對個體自我認識的影響。這部小說的確在解釋一個人在青春期如何整合人格面具和陰影的衝突上，有很好的說明，可說是非常優秀的自助書籍。其實我一直認為，最好的榮格自助書，就是赫塞的小說，尤其是《悉達多》。

在「第二之二節、自我與陰影的關係」，他提出了如何對待陰影，主要就是覺察和命名陰影，以及與陰影的對話。他也引入了《莊子》的「魍魎問景」這個對話，這告訴我們，也許高中生刷完Tik-tok，也應該讀讀這本書，因為二〇二三年中國大陸的高考全國I卷語文作文，就是以莊子的「魍魎問景」做題目。

莊子的出現把對陰影的整合，提升到了對所有客體陰影、對整個無意識陰影的超越，也就物我兩忘，這是要超越集體無意識的苗頭。

所以我們也能理解在接下來的兩個部分，整本書的視野一下擴展了，一個擴展是面對死亡，另一個擴展是試圖討論東西方的文化陰影投射。

在全書的最後一節，「陰影與創造性」，他分析了陰影在創造性過程中的作用，以及如何透過與陰影的互動來促進新想法和新組合的產生。榮格本人就是以創作《紅書》來自我療癒的，所以大部分榮格派的自助書籍也會以藝術創作做為主要療癒手段。比如戴維．羅森（David Rosen）寫的抑鬱自助書，就名為《轉化抑鬱：用創造力療癒心靈》（*Transforming Depression: Healing the Soul through Creativity*）。

3．結語

陰影整合是榮格學派自性化療癒的入門功夫。近年來，隨著戰爭和疫情，陰影整合這個概念再度流行，不少書籍和論文相繼出版，最值得關注的，是來自川普的青年票倉，Tik-tok 網紅凱拉．沙欣（Keila Shaheen）的暢銷書《陰影探索 我的療癒日記：修復內在創傷、釋放潛能、解開人際糾結，全球百萬人天天實踐的自我對話練習》（*The Shadow Work Journal: A Guide to Integrate and Transcend Your Shadows*），這本書最大特點就是雜糅了各流派的技術。

榮格心理分析界也出版了多本書，二〇二三年，出版了 *Jung's Shadow Concept* 和 *The Shadow and the Problem of Evil* 這兩本書（Perry&Tower, 2023; Stein, 2023），但這兩本書都是多作者的論文合集，水準參差不齊。尤其是邪惡這個問題的研究，少有超出科貝特的《理解邪惡》一書的作品，恰好此書的繁體中文版也是二〇二三年推出的。（萊儂．科貝特，2023）

二〇二三年還有一部優秀作品，那就是艾蓮娜．卡拉瑪薩（Elena Caramazza）的《絕對陰影：分析心理學中的天命、宿命和代際過程》（*The Absolute Shadow: Destiny, Fate, and Intergenerational Processes in Analytical Psychology*），該書深入研究命運做為分析客體的方面面，值得臨床心理師深度研習此書。（Caramazza, 2023）

二〇二三年也恰逢乖女孩鄧麗君誕辰七十週年，她的歌聲在世界各地華人社區響起。其中《何日君再來》一曲，被稱為禁歌之王，當年共產黨、國民黨、還有日本軍方都對這首歌進行過陰影投射，也都不約而同地認為歌詞中的「君」，必然是指「敵軍」，而非「我軍」。硬要把「Bad」翻譯成「真棒」的中國大陸的音樂界，還曾經在一九八〇年敏銳地嗅出此曲還有性的暗示，認為這是舞女之歌，因此號召人們抵制這首黃色歌曲，結果反而讓人們更加喜歡那個黃色而性感的鄧麗君了。

鄧的母親趙素桂一九二六年生於山東，由此上溯八百五十年前的一〇七六年，蘇東坡在山東密州，寫下《水調歌頭．明月幾時有》，然後又到了一九八三年，鄧麗君三十歲的時候，演唱了此曲，成為其經典。

一〇七六年的北宋政壇，陰影紛遝，恰似魑魅幻相纏，讓蘇軾感慨，往昔追名逐利，塵世紛紜難斷，回首意闌珊。

他開始理解嫦娥，這個拋夫棄子的獨立女性，為何要獨居月宮公寓，成為了古代鄧麗君，但是蘇東坡也不想徹底揮別客體關係的陰影，走入李白《月下獨酌》的那種自閉－毗連心態，所以李白可以嚮往「永結無情遊，相期邈雲漢」，蘇東坡卻說：「起舞弄清影，何似在人間。」

我們看到蘇東坡的自性化之路，透過儒佛道法共治一爐，整合陰影與人格面具的衝突，也透過琴棋書畫、讀書寫作、禪修打坐、易經占卜等各種創造性活動，鏈接了自我和自性原型。最終，向晦且歸幽室，宴息安棲塵念，俯仰乾坤裡，詩韻化青蓮。

參考文獻

詹姆斯．阿斯特（James Astor）著，傅雅群譯，周嘉娸審閱，《閱讀佛登：從兒童個體化研究開拓自性的探索》，臺北：心靈工坊，2023。英文版見：Astor, J., *Michael Fordham, Innovations in Analytical Psychology*. Routledge, 2006.

羅傑．布魯克（Roger Brooke）著，李維倫譯，《榮格與現象學》，臺北：心靈工坊，2024。英文版見：Brooke, R., *Jung and Phenomenology*. *Routledge*, 2015.

萊儂．科貝特著，楊菁薷譯，《理解邪惡：從深度心理學深入解析邪惡的本質》，臺北：心靈工坊，2023。

李孟潮，《當村上春樹遇見榮格》推薦序，見【日】河合俊雄著，馮瑩瑩譯，《當村上春樹遇見榮格：用心理學解析故事背後的智慧與力量》，北京：北京聯合出版公司，2018。此書臺灣版見：河合俊雄著，林暉鈞譯，《當村上春樹遇見榮格：從《1Q84》的夢物語談起》，心靈工坊，2014。
李孟潮，〈修行始於接納陰影〉，見：《擁抱陰影：從榮格觀點探索心靈的黑暗面》（羅伯特・強森〔Robert A. Johnson〕著，徐曉珮譯），臺北：心靈工坊，2021。
詹姆斯・希爾曼（James Hillman）著，王浩威、康琇喬、陳世勳、陳俊霖、鄭惠如譯，王浩威審訂，《夢與幽冥世界：神話、意象、靈魂》臺北：心靈工坊，2019。
Bala, M. (2010). *The clown: An archetypal self-journey*. Jung Journal, 4(1), 50-71.
Caramazza, E. (2023). *The Absolute Shadow: Destiny, Fate, and Intergenerational Processes in Analytical Psychology*. Routledge.
Carp, C. E. (1998). Clown therapy: The creation of a clown character as a treatment intervention. *The Arts in Psychotherapy*, 25(4), 245-255.
Fertel, R. (2017). This Archetype Explains Donald Trump: Trump's determination to break every rule and overturn every norm has historical precedence. 見此網頁：https://washingtonmonthly.com/2017/12/29/this-archetype-explains-donald-trump/
Grevatt,W.K. (2018). Confronting the Trickster: Crises and Opportunity in the Time of Trump–A Jungian Perspective, *Psychological Perspectives*, 61:1, 43-47, DOI: 10.1080/00332925.2018.1422922
Hale, L. (1994). The archetype of the stranger in contemporary American culture. Pacifica Graduate Institute.

Longman, M. (2017). Trump Is a Jungian Psychologist Now? The sycophantic biographers of his campaign are a bit too obsequious to be believed. 取自網頁：https://washingtonmonthly.com/2017/12/08/trump-is-a-jungian-psychologist-now/

Marcus, K. (2020). The Stranger in Women's Dreams. Psychological Perspectives, 63(3-4), 399-411.

Oussad, M.,&Ramdane, K.(2021). The Jungian Process of Individuation: A Study of Hermann Hesse's Novel Demian: Story of a Youth (1948) and Todd Phillips' Film Joker (2019) (Doctoral dissertation, Mouloud Mammeri University Of Tizi-Ouzou).

Perera, S. B. (1986). The scapegoat complex: Toward a mythology of shadow and guilt. Ed. Daryl Sharp. Studies in Jungian Psychology by Jungian Analysts. Toronto: Inner City Books.

Perry, C., & Tower, R. (Eds.). (2023). Jung's Shadow Concept: The Hidden Light and Darkness Within Ourselves. Taylor & Francis.

Saban, M. (2011). Entertaining the stranger. *Journal of Analytical Psychology*, 56(1), 92-108.

Shaheen, K. (2024). *The shadow work journal: A guide to integrate and transcend your shadows*. Simon and Schuster.

Stein, M. (Ed.). (2023). *The Shadow and the Problem of Evil: Five Examinations*. Chiron Publications.

Ulanov, B. (1987). *The witch and the clown: Two archetypes of human sexuality*. Chiron Publications.

Zumaeta,R.D. (2012). Decentering the Ego Perspective: Clown Workshops as a Vessel for Personal Transformation (Doctoral dissertation, Pacifica Graduate Institute).

學術文庫版序言

大約十年前本書第一次出版的時候，我在〈後記〉中寫道：「在國際交流日益頻繁快速的今日，我們比以往更需要意識到自己深沉的陰影」。如今我們不得不說，現在正處於這樣的狀況之中。就如貿易摩擦的問題所顯示的，不同文化的接觸在許多方面所造成的矛盾衝突，正逐漸浮上檯面。特別是在這種時代，我們與他者相處時，更需要隨時意識到自己的陰影。因此，這一次本書加入「講談社學術文庫」以新的面貌問世，其意義應該也可以獲得認同吧！

雖說是陰影，也並非只有負面的意義。讀了本書就會明白，陰影同時具有負面與正面的性質。只不過，若不是經過嚴峻的對決與自覺，陰影將帶來難以想像的破壞性後果。但是如果過於畏懼陰影而逃避與它接觸，將無法讓陰影發揮它正面的影響。

與陰影「來往」充滿了危險，卻也有深刻的意義。許多時候，我們感覺陰影是「另一個我」。我要如何和另一個我來往？這也可以說是本書的課題。如果讀者們能經由本書，找到與另一個自己相處的方式，對於作者的我來說，真的是非常高興的事。

衷心感謝我所尊敬的遠藤周作先生，特地為本書的出版寫了一篇解說。遠藤先生的著作中，經

常可以看到「另一個我」的主題；最新作品《醜聞》（『スキャンダル』）探討陰影的問題之深刻，更是令人動容。

在出版的過程中，我受到講談社文庫出版局的荒卷宣佳先生很大的幫助，謹在此誠摯向他致謝。

昭和六十二年（1987）十月

河合隼雄

（本書於昭和五十一年六月十五日，由思索社初次出版）

第一章

影子

對人來說，影子是奇妙的東西。只要是有光線的地方，它必定存在。我的影子總是與我在一起；雖然有時大、有時小，也會有深淺濃淡的變化，但它毫無疑問是屬於我的，總是跟在我身邊。但是這屬於我的東西，怎麼會如此單調平板而混沌不明？而且，一旦走進更大的陰影，我的影子就會完全消融於其中，失去它的形體。

從我誕生到這個世界的那一刻起，我的影子就開始存在，與我一起成長。但是當我死去的時候，它會怎麼樣？與我一起被埋葬在土中嗎？還是像終於擺脫主人控制的奴隸一樣，自由地向某處飛去？又或者，影子有它們自己的墓園？不——或許影子和它的主人不同。就像隨著光線的存在與否而反覆地消失、重現，說不定它會一再重複地死亡與再生。

為了深入探討影子的一切，首先讓我們來釐清，影子以什麼樣的形象存在於人們的心中，而且具有什麼樣的意義。

一・影子的形象

失去影子的男人

也許沒有任何其他事物，能像一個失去影子的男人的經驗，那麼強而有力地向我們訴說影子的重大意義了吧！

在市區裡，很快地就有守衛的士兵問我：「您把影子忘在什麼地方了？」。不久之後，我又聽到兩、三位婦人竊竊私語：「哎呦！你看，好可憐啊！那個人沒有影子！」，想不聽都沒辦法。這件事開始讓我覺得困擾。於是我很小心翼翼地，盡量避免走到陽光底下，但有很多時候那是做不到的。舉例來說，我不得不穿越最初經過的那個廣場時，運氣就很差，剛好遇到小孩子們放學，要走過去可難了。……他們一看到我就開始罵我，對著我丟泥巴：「正常人在陽光下一定有影子！」為了趕走他們，我向他們丟出好幾把硬幣。最後幸好有人同情我的處境，讓我跳上他的馬車。

當馬車開動、車廂裡只有我一個人的時候，我忍不住開始嚎啕大哭。我的心中升起一股預感——在這世界上，或許影子比黃金的評價更高；就像黃金比功績、德行更受到歡迎一樣。而且，過去我為了良心而犧牲了財富，如今我卻為了黃金而將影子給了別人。我在這世上還能做什麼？又究竟該怎麼做？

這是德國浪漫派詩人沙米索（Adelbert von Chamisso, 1781-1838）發表於一八一六年，著名的《施萊米爾的奇妙故事》[1]中的一節。主人翁彼特．施萊米爾把自己的影子賣給惡魔，換得一個神奇的錢包；他可以從這個錢包中，取出任何他想要的數量的錢幣。但是交易成立之後，他立刻陷入

1　原註：Chamisso, A. v., *Peter Schlemihls wundersame Geschichte*, Reclam, 1967.

窘境，品嚐到沒有影子的人的悲哀。前面那一段引文，就是書中對這段情節的描寫。

因為有了這個魔法的錢包，施萊米爾得以過著國王一般奢華浪費的生活。但是失去影子這個決定性的事件，讓他為種種不幸而苦惱。身邊忠誠的男僕班德爾，是他唯一的安慰。但是施萊米爾仍然戀愛失敗，並且遭到其他僕人背叛，最後不但沒有影子，連金錢也失去了。但是當他變得身無一物時，反而得到了內心的平靜；在偶然的情況下，他得到了一雙神奇的「七里靴」，並且穿著它探索全世界的大自然，從中得到生命的慰藉。最後作者以施萊米爾這樣一句話，結束了這個奇妙的故事：「請各位首先要學會尊重影子，然後學會尊重金錢」。

沙米索所寫的這個故事，在當時引起了巨大的反響。甚至有人精心設計出不會映照出影子的燈籠，並且以「施萊米爾」作為商品的名稱來販賣。

關於這個故事的意義，讓我們稍後再思考，現在讓我們先來介紹另一位失去影子的男人的故事。那是安徒生的一篇童話《影子》[2]。

有一位來自寒冷國家的學者，來到了酷熱的國度。熾烈的陽光，把這裡的人全部曬成了黑人。因為實在太熱了，這位學者幾乎足不出戶，只是關在房子裡看書。有一天夜裡學者醒來，看到對面房子的陽台照過來奇妙的光線。那陽台上有某種花朵，發出像火焰般的光芒；一位身形高䠷姣好的女性，就站在花的中間。但是這景象不久就消失，再也感覺不到人的存在。

另一個夜晚，學者坐在自己陽台的椅子上。因為背後的房間點著燈，學者的影子投射在對面房子的牆壁上。學者半開玩笑地對自己的影子說，進去那房裡看看吧！沒想到影子真的進到那房子

《影子》　這是安徒生童話《影子》中的插圖。故事中「偉大的」影子脫離了當事人，開始作為獨立的存在而行動。

裡去了。隔天，學者很驚訝地發現自己的影子不見了，幸好不久之後又形成了新的影子。學者高高興興地回到了他寒冷的國家。他研究關於真善美的問題，也發表了著作。沒想到有一天，從前的影子跑來找他。

影子出現的時候，穿著最高級的服裝、漆皮的鞋子，戴著黃金項鍊與鑽石戒指，告訴學者他這段時間以來的經歷。根據他的說法，當時在那個炎熱的國家，住在學者對面房子裡的是「詩」。影子在「詩」的家裡待了三個禮拜，學到了許多事情，效果相當於一個人活了三千年；那段時間，他讀遍人類在詩中述說的、在書本裡寫下的一切。影子在那裡和「詩」締結了親密的關係，了解到自己的本質

2　原註：日文版《安徒生童話集三》（大畑末吉訳『アンデルセン童話集三』、岩波書店　一九六八）。

與天賦，變成了人類。影子利用自己的特性，專門在夜裡行動，看到了「任何人都不應該知道的事情，也是所有人都想知道的事情——換句話說，就是『鄰人之惡』！」影子充分利用這一點，賺到了大量的金錢。

和影子的榮華富貴比起來，學者則是兩袖清風。雖然撰書探討真善美，但沒有一個人關心他說了什麼。他骨瘦如柴，人們甚至說：「老師您看起來就像個影子！」這時候影子提議，他願意出錢和學者一起去溫泉旅行，條件是自己要當主人，學者要變成影子。

原本就心地善良、個性平和的學者聽到了這個提議，雖然心裡覺得愚蠢至極，結果還是照著影子所說的做了。他們甚至變成：影子叫學者「喂！」，學者則稱呼影子為「您」的關係。

到了溫泉鄉，他們遇見了一位因為「東西看得太清楚」而感到困擾，希望透過溫泉療養的公主。影子巧妙地取得了公主的歡心，讓公主甚至動了和他結婚的念頭。公主在下決心以前，想要測試影子究竟有多少學問。影子說：「這種程度的問題，連我的影子都能答得出來」，讓學者替他回答公主的問題。這樣一來，公主更加心動，決定與影子結婚。結婚典禮當天，影子向學者提議，自己願意付給他薪水，叫學者今後就扮演他的影子。但學者已經無法再忍耐下去，他拒絕了影子的提議，並且表示他將告訴人們真相。然而一切都來不及了——在影子的命令下，學者遭到逮捕。當天夜裡禮砲響起，士兵們舉槍致敬，公主與影子在眾人的祝福下結婚。但是，「這些熱鬧歡騰的聲音，學者完全沒有聽到。因為，他已經被奪走了生命。——」故事就在這裡結束。

這與其說是影子的喪失，還不如說是影子反叛的故事。以童話來說，這個故事未免太過可怕。

或許這是在《賣火柴的少女》之外，來自安徒生心中的另一種真實聲音。我們當然可以說這些故事荒誕無稽，但不論是《施萊米爾的奇妙故事》或是《影子》也好，之所以能打動我們的心，應該是因為它們道出了影子的內在真相吧！那麼對我們來說，影子具有什麼樣的意義？我們是如何看待影子的？接下來就讓我們思考這些問題。

影子與靈魂

透過認識原始民族對影子的態度，將能夠幫助我們了解影子對人所具有的意義。因為我認為，過剩的自我意識，讓現代人看不見事物的本質；而原始人的眼睛，更能看見「影子本身」。

關於原始人對於影子的態度，首先讓我們引述詹姆斯·弗雷澤（James George Frazer, 1854-1941）的《金枝》（*The Golden Bough*）[3]。弗雷澤認為，原始人經常將自己的影子或影像視為自己的靈魂，或是自己生命的一部分。韋塔島（Wetar，印度尼西亞的一個島）上的巫師會施行一種巫術，用刀槍斬刺人的影子，讓那個人生病。另外還有一個故事：據說商羯羅（Adi Shankara）在尼泊爾旅行的時候曾經與達賴喇嘛爭執，為了顯示自己的威力而飛舞到天上。但達賴喇嘛用小刀刺了一下他的影子，商羯羅馬上掉落地面而折斷了頸子。

在介紹中國的習俗時，弗雷澤提到了一件事。中國人在參加葬禮的時候會小心，注意不讓自己

3 原註：日文版：永橋卓介訳『金枝篇』一～五　岩波書店　一九六六～六七。

的影子被關入死者的棺木中。葬禮進行到蓋棺儀式的時候，除了最親近的親屬之外，全體參加者會退後兩、三步，或者迴避到其他房間。那是因為人們相信，如果影子被關在棺木裡，人的健康將會受到危害。在棺木下葬的時候，人們也會遵守同樣的規則。

根據范德雷悟（Gerardus van der Leeuw, 1890-1950）的說法[4]，非洲的巴斯托斯族人（Bastos People）相信，如果鱷魚能捕捉到人在水面上的倒影，牠就可以抓到那個人。將影子拖入水中可以造成當事者的傷害，這樣的想法也可以在日本傳說故事中的「影取池」或「影取沼」中看到——在這些故事裡，如果倒影被水中的怪物吞噬，人將會死亡。但是會因為影子而受到危害的，並不限於人類。根據弗雷澤的說法，貝拉克地區的石灰岩山區有一種小型的蝸牛，可以透過家畜的影子吸牠們的血，造成這些家畜因貧血而死亡。此外，阿拉伯某些地方的人相信，如果狗兒在有月光的夜晚爬上屋頂，被鬣狗踩到牠們投射在地上的影子，狗兒將會從屋頂跌下來。還有，如果鬣狗踩到某個人的影子，那個人將被奪走說話與行動的能力。從上述幾點來看，小孩們喜歡玩的「踩影子」的遊戲，說不定就衍生自古代的宗教儀式。

許多非洲人認為，一旦影子與當事人完全分離，當事人將會死去；而日本的江戶時代所普遍相信的「影子病」，其實是同樣的東西——關於這一點我們留待下一個章節再來探討。另外還有一個異曲同工的想法，就是相信死者與幽靈是沒有影子的。不只日本，全世界各地都有許多人相信這一點。范德雷悟就說，爪哇地區的人相信黑貓等等具有靈性的動物，是沒有影子的。

如果說影子是人類或其他動物生命的一部分，那麼碰觸到影子，就等於實際碰觸到那個人或那隻動物。所以當原始人覺得某個人物危險的時候，連對他的影子都要躲避。弗雷澤也曾經在書中報告過這一點。原始人覺得危險的人物，包括了服喪者與婦人——特別是岳母。舒斯庫普印地安人認為，如果服喪者的影子落在某個人身上，那個人將會生病。澳洲的庫魯納伊族人在新來者的加入儀式中，細心注意不讓女人的影子落在他們身上，因為這樣會使他們變瘦，變得懶惰、愚笨。據說有一位澳洲原住民的男性，原本在樹下睡覺，突然發現岳母的影子遮住了他的腳，嚇了一大跳，真的差點死掉。

弗雷澤說，近代的希臘還保留著以影子代替人身，以獻祭給神的習俗。新建的房舍在鋪設地基的時候，經常會以雄雞或山羊祭祀，祈求給予房舍安定的力量。但有時候希臘人會以人代替動物，將某個人引導到地基的礎石附近，偷偷地丈量他的身體、身體的一部分、或是影子的大小，之後再將丈量的結果埋藏在礎石地下。有時候也會把礎石放置於那個人的影子之上。希臘人相信，這麼做之後，那個人將在一年內死去。外西凡尼亞（Transylvania）的羅馬尼亞人相信蓋房子的時候若是要讓牆壁堅固，需要影子；而且一直到不久之前，都還有販賣影子給建築師的「影子商人」這種行業。

剛剛我們已經描述過「影子與人的靈魂密切相關，失去影子將導致疾病與死亡」這種想法。在同樣的思考方式下，也有人將一天之中影子大小的變化，和人生命力的消長連結在一起。庫克群島

4　原註：Van der Leeuw, G., *Religion in Essence and Manifestation*, Vol. 1, Harper & Row, Publishers, 1963.

（Cook Islands）的曼蓋亞族（Mangaia）流傳著一個故事。大戰士圖凱塔瓦（Tukaitawa）的威力隨著他的影子的大小而消長。換句話說，當他的影子在早晨與黃昏變大的時候，他的威力也大；正中午時影子縮小，也是他力量最小的時候。結果有人發現了這個祕密，於是他就在正午時分被擊倒了。

非洲也流傳著許多故事，同樣表現出我們在曼蓋亞的傳說中所看到的，對於日正當中時「影子不見了」的忌諱。他們絕對不在正中午的時候穿越森林的空地，或是廣場。關於這一點，列維－布留爾（Lucien Lévy-Bruhl, 1857-1939）在他的書中，敘述了金斯雷女士（Miss Kingsley）與非洲原住民一段饒富趣味的對話。[5]金斯雷詢問百威力族——他們是特別害怕在中午失去影子的一個民族——的一位族人，既然他們那麼害怕影子不見，那麼晚上看到自己的影子完全消失在四周的黑暗中，難道不會擔心嗎？那位百威力族人回答，影子在夜裡消失，是因為所有的影子都在大神的影子中休息，以恢復氣力；正因為如此，到了早上所有的影子都會變得又長又大，又有力氣。一個一個的影子到了夜裡，通通被包容到大神的巨大影子裡——這樣的想法，給予我們深刻的啟示。

透過前面的敘述，我們應該都已經了解「影子」對原始人的重要性。影子被視為人身體的一部分，或是等同於我們所說的「靈魂」。但是在某些地方的想法裡，影子與靈魂並非處於單純的相等關係，而是經過某種分化的存在。對於這一點，德尚（Hubert Jules Deschamps, 1900-1979）關於非洲宗教所做的報告，提供了我們有用的資訊[6]。德尚表示，班巴拉族人（Bambara People）認為每個人都各自擁有兩種精神要素：一個是靈魂（Ni），一個是影子（Dia）。Ni 是人的氣息，當人睡著的時候，Ni 會在四處遊蕩；Dia 則是與人成對的雙生兒，在地上顯現為影子，在水上則顯現為倒影。胎兒從最近死去的親族成員繼承 Ni 與 Dia。當人死去時，這些構成的要素將會分解；Dia 與神一起回到水中，Ni 則由家長奉於祭壇，與家族其他死去的成員合祀。

此外，德尚指出：「鐸宮族人（Dogon People）認為，人的體內居住著看不見的人格，這人格由三個要素組成：在人的睡眠中游離於肉體之外的『知性的影子』，有形的『愚昧的影子』，以及具有生命力的 Nyama。當人死亡的時候，『知性的影子』會開始一段漫長的旅程，最後與神合體；而 Nyama 則經由頭髮，離開人的身體」。

德尚還舉出其他一些例子。從這些例子我們可以看到，靈魂與影子並非被直接劃上等號，而是經過某種程度的分化，為它們的關係訂出一些公式。

思考人對於光與陰影的二分法，可以讓我們聯想到身體與心靈、意識與無意識、良心與惡意等等，種種二分法的思考方式。影子的問題與這種種二分的概念都有深刻的關聯，但並沒有與其中任何一種形成簡單直接的連結，這一點很有趣。榮格所說的「陰影」，是一個複雜而深具意義的問題；關於這一點，我們將在下一個章節討論。接下來我們將簡單敘述，我們在探討「陰影」的問題時，所援用的是什麼樣的方法論。

5　原註：Lévy-Bruhl, L., *Les fonctions mentales dans les sociétés inférieurs* (1910).
6　原註：Deschamps, H. J., *Les religions de l'Afrique noire*, PUF (Que sais-Je?), 1954.

心像（image）的世界

「消失吧！消失吧！這瞬間即熄的燭火！人生只不過是行走的影子而已」——這是《馬克白》第五幕第五場中，主角馬克白在得知夫人狂死時，所說的一段獨白。馬克白與夫人共謀殺害了國王，雖然因此登上王位，但隨即被復仇者逼入絕境，夫人因而發狂死去。馬克白看到了自己即將到來的失敗，領悟到人生只不過是行走的影子而已，於是祈求形成影子的燭火熄滅，讓影子也跟著消失。將人生視為一個影子或是一場夢的人生觀並不稀奇，但是，如果馬克白一開始就能抱持這樣的人生觀，大概也不會為了獲得這影子般人生中的王位而殺人了吧！換句話說，不論我們感嘆人生如影也好、人生如夢也好，一個人的身分是國王、貴族、或乞丐，在現實世界中的差異是非常大的；正因為如此，我們才會汲汲營營地殺紅了眼，不是嗎？

就像兩種相反的人生觀同時存在，說得極端一點，關於心像這件事，也存在著兩種對立的想法。那就是，認為「心像是外界形象的投影」，以及「心像是內在狀態的反映」兩種想法。前者的想法很容易理解，僅限於知覺對象不存在時所形成的視覺形象。相對地，榮格所採取的，則是典型後者的想法。榮格認為，心像與我們對外在客體的知覺，只有間接的關係；它「以無意識的幻想活動為基礎」，為了適應內在的要求而決定其方向。

舉例來說，沙米索是如何構想出「彼特．施萊米爾」的故事的？讓我們來揣摩他內心的機制吧！「失去影子的男人」之類的人，實際上當然是不存在的；所以問題在於，沙米索的心中為什麼會浮現這樣的心像？我們經常聽到有人援引這樣的事實作為解釋——因為沙米索雖然出生於法國，卻移居德國；時運不濟、遇到普法戰爭，而不得不以德軍士官的身分與祖國作戰。因為背負著這樣的煩惱——說他是沒有祖國的人也不為過——所以心裡才會浮現「失去影子的男人」的故事。透過這樣的創作，他的悲傷與痛苦得到相當大的安慰。而且在故事的最後，主人翁在周遊世界與自然科學的研究中找到了生命的價值，也正好暗示了沙米索自己後來的生活方式。

照這個解釋，我們是不是可以說，故事主人翁所失去的影子，對沙米索來說意味著「祖國」？但我認為，在思考心像的問題時，進行這種單純的「等同」是危險的。如果沙米索想要表達的只是「沒有祖國」這件事，應該有更簡單、直接的方法吧！並不需要透過「失去影子的男人」這樣的心像。我想，當一個人置身於沙米索那樣的處境，恐怕一定會從「我的祖國在哪裡？」這樣的疑問出發，最後走到「我到底屬於什麼？」「我到底是什麼？」這種根源性的問題吧！而這個故事的浮現，就是為了回答這所有的問題。

伊利亞德（Mircea Eliade, 1907-1986）這麼說：「因為其結構，心像是『多重價值的』。如果精神試圖運用心像來理解事物與現象最終的『實在』，那正是因為該『實在』以矛盾的方式顯現，無法透過種種的概念來表現」。[7] 對沙米索來說，影子的心像代表了他的靈魂、他的祖國、甚至是他心靈的故鄉，而且無法限定於其中任何一種意義。心像由多重意義集結而成，而且不可分割。

之後我們都將以這樣的意義，來思考心像的問題。但是現在，先讓我們稍微想一下「心像的發

7 原註：Mircea, E., Images et symboles: Essais sur le symbolisme magico-religieux, 1979.

生」這件事。首先我們必須探討的是「看見」心像的主體——「我」——的問題。我意識到我的存在，殘留在記憶中的過去的經驗，現在感覺到的感情、正在思考的事情，以及對這些感情與思考的知覺等等——所有這一切都以某種程度的統合性，整合成一個人格而存在。榮格派的心理學家，將這種我的意識統合性的中心，稱為「自我」。換句話說，自我是我意識經驗的主體與中心。

然而，深層心理學的許多研究已經清楚地指出，對於我們內心的種種活動，自我並不能擁有完全的主體性。安徒生《影子》的故事中，影子奪取了主體性，甚至殺死了原來的自我，或許會讓讀者覺得荒唐無稽，但實際上我們經常在無意識的驅使下行動；即使事後感到後悔，也無法防止自己的毀滅。我認為，心像能讓我們掌握並理解無意識的內心活動。

圖1是我們以圖示的方式，表達人內心的結構。人的意識領域能夠經由自我統合，並且透過語言掌握其內容。舉例來說，自己的名字、出生地或是在學校裡所學到的知識，全部都能以語言表示。但是，越是自我難以確實掌握的事物，越是難以化為語言。完全屬於無意識的事物——這一點當然是來自無意識的定義——無法有意識地掌握。但是，意識與無意識的領域並不能截然劃分開來；而位於它們之間的中間領域，則可以透過心像來掌握。

最符合這個意義的心像是「夢」。人在進入睡眠狀態時，自我的統御力會減弱，無意識的活動則變得活躍；而自我以心像的方式掌握這些無意識活動的結果，就是夢。因此經由對夢的解析，可以讓我們推測出自己無意識領域的活動與存在方式。有時候並不是做夢，而是在我們感知外界的時候，也可以看到心像的作用。舉例來說，如果我們幹了什麼不可告人的壞事，只要看到別人交

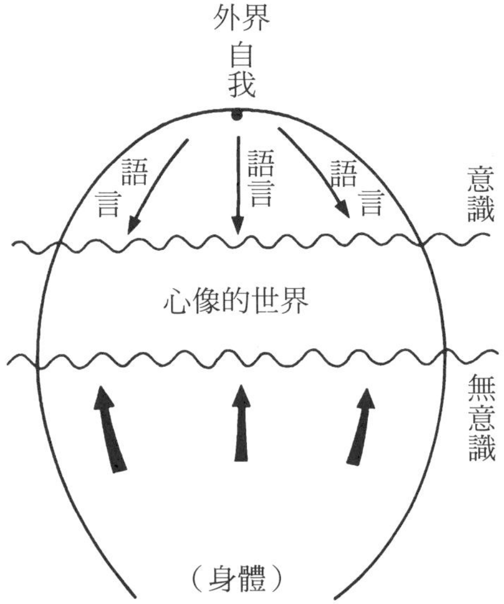

圖 1 心像的世界

談，就會忍不住以為他們在談論自己。那是因為無意識的恐懼提供了這樣的心像，扭曲了我們對外界的知覺。又比如原始人的自我力量較為薄弱，對外界的知覺與內在的心像容易融合在一起，所以看到日出的景象時，他們體驗到的是「神」本身。也就是說，他們內心的活動並不是兩段式的；他們並不是先看到日出，再把太陽視為神。存在於外界的太陽，與存在於他們內心的神的意象完全融合，在他們的體驗裡是無法分割的同一件事物。神話、傳說與民間故事，可以看作是這種戲劇性體驗的記錄。從這個觀點來看，神話、傳說與民間故事提供了豐富的心像記錄，與夢的類似性也非常高。

心理學家運用名為「投射測驗」（projective test）的方法，來探索心像的世界。比如有一種「羅夏克墨漬測驗」

（Rorschach test，或譯為「墨跡測驗」），讓接受測驗的對象觀看有如暈染的墨漬的、輪廓不明顯的圖形，再問他們看到了什麼。因為接收到的刺激並不明確，受測驗者不得不借助自己內在的心像來賦予圖形某種意義，因此會出現各式各樣的回答。即使是同一個圖形，有的人會看成蝙蝠，也有人看到的是成人的臉孔或跳舞的人等等。我們可以透過這種種不同的反應，反過來觀察受測驗者的心像世界。雖然投射測驗的種類很多，但都已經過設計，刻意讓刺激來源或測驗方式保持某種程度的模糊，使得受測驗者的反應在某種意義下，一定會與其本身的心像世界產生關聯。

心理學家經由夢、神話或是受測驗者對投射測驗的反應等等，來探索心像的世界。在這種種的方法之中，本書將以榮格所說的「陰影」作為中心方法。到目前為止，我們已經指出作為心像的影子，對人所具有的重要性；接下來我們要闡明，榮格稱為陰影的東西，究竟是什麼樣的心像？

二．榮格的「陰影」概念

「影子」的夢

為了說明榮格「陰影」的概念，首先讓我們以夢作為例子。榮格之所以會有「陰影」這樣的想法，是他累積了大量對夢的研究的結果。讓我們從一些簡單易懂的夢開始。做這個夢的人，是一位單身的年輕女性。

夢：我與友人A（女性）見面。A告訴我，她收到我男友寫給她的信。我沒收到男友的信，原本就有點擔心。因此我覺得，他不可能沒寫信給我，卻寫給了A。但是，A臉上的表情，卻好像她收到我男友的信是理所當然的事一樣。

榮格問這位女性，這個夢讓她聯想到什麼？她說，最近男友都沒有寫信給她，讓她有點擔心。雖然現實上A不太可能真的收到他的來信，但因為這夢境太過真實，為了保險起見，她還是向A求證了，確定沒有這回事。此外這位女性表示，不論在任何方面，A的個性都和自己恰好相反。她喜歡凡事明快，A則是拖拖拉拉、不清不楚。換個方式說，自己很「乾脆」，A則是「濕濕糊糊」的。從這些說法推測，這位女性似乎對A的人生觀與生活態度相當不認同。榮格認為，在這樣的情況下，出現在夢裡的A，是做夢者的陰影的心像。

每個人都有其各自的生活態度與人生觀。每個人的自我，都將自己當作具有整合性的統一體來理解、掌握。但是具有整合性這件事，表示與該整合性不相容的其他傾向，要不是受到壓抑，就是遭到忽視。這些無法在個人現實生活中顯現的傾向，必定存在於無意識的領域之中。榮格認為，一個人因為壓抑或忽視而無法浮現的半面，就是那個人的陰影。換句話說，出現在這個夢裡的A，代表了未能顯現在現實中的、做夢者的另一個半面。

這個夢具有什麼樣的意義？我們可以這麼想：「和你自己比起來，是否A更容易與你男友親近？」「透過你的陰影與男友交往是很重要的」。也就是說，在到目前為止的生活態度上，添加一點點A的生活態度，或許能讓當事人與男友的關係發展得更為平順。但這時候會產生一個問題：我們應該把這裡所說的男友，理解為現實中的男友嗎？還是要將他當作內在的心像？就像我們把A視為當事人陰影的部分，而不是現實中的人一樣？就像在安徒生的故事中，學者的影子與名為「詩」的女性見面那樣，存在於影子背後的異性意象，是個非常重大的問題。或許這個夢的意義，也可以這麼解釋：透過納入像A那樣的、影子的生活態度，當事人將可以接觸到自己內心更深之處。總而言之，這個夢告訴我們陰影的心像的存在，而且這個陰影具有與自己的生活態度相反的傾向。同時我們也看到，當事人將可以透過陰影，讓自己的人生具有更深刻的意義。以這一點來說，這是個接受心理分析初期經常出現的典型的夢，而且非常容易理解。

接下來為各位介紹一個稍微複雜一點的夢，做夢的人是一位在大學上班的中年男性。這也是在接受分析初期所出現的夢。

> 夢：我在一個類似××會館某房間的地方，接受有關研究會的諮詢。這時候來了三個看起來像不良少年的學生，說：「喂，也讓我們入會吧！」我告訴他們，這個研究會只保留給少數特定的會員，他們三個應該是不能參加。而因為那時A先生就在我旁邊，我就跟他們說：「請你們問問其他人的意見」。結果他們聽了我的意見就離開了。後來我身旁的兩個年輕人跟我說：「如果是B先生，就沒辦法那麼明確地拒絕他們呢！」我問那兩個年輕人：「那些人到底是誰？」他們回答說：「他們是學校裡出了名的混混」。我一邊整理手上未完成的工作，心

裡一邊想著：「這樣的話，他們說不定會埋伏在我回家的路上攔截我，得要換條路走，躲開他們才好」。正在這樣想的時候，那三個人又出現了，好像是他們原本就打算來這裡吃雞蛋蓋飯，現在吃完了。他們拿出三千日圓，說：「你的想法我們知道了，不過這個錢不是入會的費用。你收下來，就當作是我們的捐款」。我硬著頭皮死不讓步：「謝謝你們的好意，不過這個我不能收。不管怎麼說，研究會本身也還沒正式成立，還在籌備的階段」。就在這時候，我醒了過來。

出現在這個夢裡的人物全部是男性，這一點令人印象深刻。首先，來到研究會諮詢處的「三個看起來像不良少年的學生」，可以看作是陰影的心像。我們必須注意的是，在我們引述的前一個夢裡，陰影以明確的個人A的樣貌出現，但是在這個夢裡，則現身為不特定的人。前一個夢的情況，自我必須面對的、影子的一面，表現得相當具體；透過關於A的聯想，我們可以有豐富且具體的解釋。相反地在第二個夢裡，陰影則是以團體的型態出現；這表示這陰影不只是做夢者本身未顯現的另一個半面，還可以說是某個團體的陰影；就這個夢而言，那個團體應該就是為了組織研究會而聚集起來的人們。換句話說，「像不良少年的學生」是這個研究會成員共通的陰影。

而這些陰影希望參加這個研究會。這個現象可以說是「陰影的要求」；陰影以這個方式要求「加入」自我。自我拒絕了陰影的要求，而其他成員似乎也贊成他的想法。但是在陰影們離開後，有兩位年輕人（他們在這裡也是不確定的人物）對當事人說：「如果是B先生，就沒辦法那麼明確地拒絕他們呢！」從這時候起，當事人開始對自我的陰影的存在感到恐懼，同時也產生疑惑：「如果是B先生，他會怎麼做？」這種情況下的B，可以看作是陰影的心像中，比較接近自我的存在。也就是說，陰影的範圍無限廣大，自我以具體的心像所理解、掌握的，只是其中的某些面向；雖然如此陰影還是會以各式各樣的心像出現。在這裡我們可以推測，B或許也是一個陰影（雖然沒有直接出現在夢裡），而且在自我與更深的陰影之間，擔任了仲介的角色。

就在自我產生疑惑的時候，三個陰影再度登場。他們吃雞蛋蓋飯這件事，給人某種幽默的感覺，但無法明瞭它具有什麼意義。分析師也請做夢的人根據這件事進行聯想，但是得不到有意義的結果。有時候關於夢的某些內容，不論分析者與被分析者如何一再努力，也無法理解其意義。這是常有的事，而且從夢的形成機制來看，也是理所當然的。不過，就算我們當下無法理解夢的內容，如果原封不動地接受它、將它放在心底，經過一段時間以後——有時候會長達數年——我們將會理解它的意義。從這個觀點來看，對於無法理解的夢，不應該強加解釋。重要的是，不懂的事就承認不懂，就以其原貌放在心裡。當然，在上述這個夢裡，如果我們不執著於「雞蛋蓋飯」這特定的食物，光是從他們去吃了飯這件事來看，可以解釋為陰影們獲得了能量，在自我感到困惑的時候再度出現。還有，如果我們對於陰影們吃雞蛋蓋飯這件事感到某種幽默，或許也會產生「雖說是陰影，也和我們一樣吃著到處可見的普通食物哪！」的想法，而減輕對接觸陰影這件事的抗拒。我們對夢不能只有知性的「解釋」，伴隨著夢的情感流動也是很重要的。

讓我們再回到夢的本身。三個不良少年學生再次出現時，一邊說著「這個錢不是入會的費用。你收下來，就當作是我們的捐款」，一邊遞給做夢者一筆錢。陰影們的這個舉動之巧妙，非常具有日本特色。而做夢者的「謝謝你們的好意，不過這個我不能收……」也是典型日本式的拒絕方式。就在這互不相讓的對答中，做夢者醒了過來。在這個情況下，顯然是自我無法決定是否要接受陰影，而感到矛盾衝突；但是夢沒有明白指出解決的方法，就這樣結束了。是要接受，還是拒絕陰影的要素？這個決定留給了醒來後的自我。實際上——稍後我們還會談到這個問題——接納陰影的過程如果成功，我們將會創造出新的局面；但是如果失敗，則會導致毀滅性的後果。這個研究要不要納入「不良」的要素，不是一件馬上可以決定的事。夢如實地告訴做夢的人，這個有待解決的課題，必須認真處理。

榮格所說的「陰影」是什麼意思？透過上述的兩個例子，我們大致上應該已經了解。接下來，我們將試著從概念上，釐清它的意義。

「陰影」的概念

榮格是如何定義「陰影」的？他給的定義乍看很簡單，但其實出乎意料地難以理解。比方他這麼說：「儘管主體本身拒絕承認，但的確經常有凌駕主體的要素，直接或間接對主體產生作用——舉例來說，性格的惡劣傾向，或是其他與主體無法並存的傾向——而陰影，就是這些要素人格化之後的結果」[8]。雖然我們某種程度可以理解榮格這段話的意思，但不禁會產生疑問——陰影和他常

8　原註：Jung, C. G., *The Archetypes and the Collective Unconscious*, C. W*. 9, I, 1959. *C. W.: *Collected Works of C. G. Jung.*

提到的「情結」（complex）有什麼不同？陰影和無意識本身是同樣的東西嗎？對於出現在夢裡的人物形象，若是同性的，榮格稱之為「陰影」；若是異性的，則稱為「阿尼瑪」（anima，男性夢中的女性形象）、「阿尼姆斯」（animus，女性夢中的男性形象）。榮格還說：「如果說與陰影來往是『徒弟的工作』，那麼與阿尼瑪（或阿尼姆斯）交際則是『師父的工作』。」[9]照他這段話的意思，陰影和無意識當然不是同一件事；而且與阿尼瑪（或阿尼姆斯）比起來，陰影是比較「容易」處理的問題。但是，榮格又在別的地方這麼說：「只要些許的自我批判力，人就可以看清陰影——條件是，該陰影屬於個人性質。但是當陰影顯現為原型（archetype），那麼要認識它，就像要認識阿尼瑪或阿尼姆斯一樣困難」[10]。如果只從片斷來看，我們甚至會覺得榮格本身用語就是混亂的。

馮・法蘭茲（Marie-Louise von Franz, 1915-1998）曾經說過一個有趣的小故事，或許可以解答我們的問題[11]。榮格的弟子們也有上述的疑惑。有一次一群人聚在一起，一面引用榮格說過的話，一面熱烈討論。榮格在一旁聽到他們的談話，怒氣沖沖地說：「你們說的完全是胡扯！陰影就只是無意識的整體而已！」讓榮格極度生氣的是，這些追隨者只沉迷於知識上的議論，而忘記了陰影這個概念是怎麼被發現的，陰影如何出現在個人的生命經驗中。

榮格十分重視經驗。他總是強調，自己的理論「來自實際經驗」。的確，他以自身的經驗為基礎而創建了理論，因此他的理論會隨著時代產生變化。如果我們不去了解他背後的經驗，而只注意理論的部分，難免會感到混亂。不僅如此——「陰影」這個用語來自心像的世界，可以說它從一開始就排斥概念的明確性。對榮格來說，心像與概念是互相對比的。他曾經表示，心像具有生命力，但缺乏明確性；概念是明確的，但沒有生命力。我們甚至可以說，如果為了明確掌握陰影而將它暴露在白日底下，將會使它失去陰影的特徵。宗教哲學家奧托（Rudolf Otto, 1869-1937）以「努祕」（Numinose）這個用語為基礎，試圖闡明宗教的本質。關於努祕，奧托這麼說：「就像所有根源性的基本事實，我們無法為努祕制定嚴密的定義，我們只能討論它。而要讓對方了解努祕只有一個方法：那就是透過討論，引導對方走到與我們自己心情一致的地方。這樣一來努祕的範疇將在對方的心中形成而開始活躍，讓對方自覺其存在[12]」。我認為，關於榮格「陰影」與「原型」的用語，也是如此。

讓我們再回到起點，重新思考有關「陰影」的事情。我們不得不說，陰影首先是作為整體的無意識，進入個人的經驗之中。也就是說，就算它後來逐漸分化，個人一開始所體驗到的陰影，包含了其無意識的整體。為了說明這一點，請讓我舉出一個夢作為例子。這是我住在瑞士的時候，曾經分析過的案例。做這個夢的人，是一位三十歲的歐洲人男性。他說自己並沒有什麼煩惱，只是因為

9　原註：Jung, C. G., ibid.
10　原註：Jung, C. G., Aion, C. W. 9, II, Pantheon Books, 1959.
11　原註：von Franz, M.-L., *Shadow and Evil in Fairytales*, Spring Publications, 1974. 中文版《童話中的陰影與邪惡》，徐碧貞譯，心靈工坊出版，2018。
12　原註：Otto, R., Das Heilige-*Über das Irrationale in der Idee des Göttlichen und sein Verhältnis zum Rationalen*, Breslau, 1917.

想知道精神分析是怎麼一回事，希望「進行十次的課程就好」。但實際進行分析之後，他忍不住開始吐露自己隱藏的祕密。他告訴我許多他人生中的重大問題，包括他為嚴重的精神官能症所苦、他不知道自己的父親是誰等等；而且因為這些事他不想告訴任何人，所以希望學會精神分析的方法，透過自我分析來治療自己。之後他做了一個這樣的夢：

夢：雖然無法確定實際的地點，但那是共產陣營與自由主義國家陣營的邊界。兩邊開戰了，但武器都是一些棍棒之類的東西，並沒有槍或砲。共產主義者越過了邊境，開始捉拿自由主義國家的人民。有兩個男人（都是我沒看過的臉）朝著我走過來。我和他們纏鬥了一陣子，但最後兩個男人還是拖著我穿越國境，把我帶到共產世界去了。我用手上的棍棒毆打他們兩人，但沒有任何效果。其他同樣被強制拖離國境帶走的自由主義國家的人，開始高聲呼救。那兩個男人的動作快得可怕，硬把我拖進共產主義陣營。我奮力想逃走，於是開始和其他人一樣高聲喊叫。就在自己的尖叫聲中，我醒了過來。我激烈地喘氣，床單和枕頭亂成一團。

這真的是堪稱可怕的惡夢。日本人或許難以理解，但是當時許多自由主義國家的人對共產陣營的恐懼，是今日的我們無法想像的。這個夢正給了做夢的人那樣的恐怖經驗。夢裡的共產陣營，其實就是無意識的世界。就像他在夢裡的感覺，做夢者對於自己要被帶進無意識的世界一事，感到極度的恐懼與抗拒。也就是說，他在夢裡經驗到的所有共產陣營的人，都是他的陰影，而他對此充滿恐懼。特別是那兩個來擄走他的人，雖然顯示出陰影的心像已經開始有小程度的分化，但是從那兩人是他完全不認識的人這一點來看，分化還不完全。在先前我們引述的另外幾個夢裡，如果夢中互動的對象是某個認識的人，或是與某個認識的人相似，那麼陰影的內容就有可能在聯想的幫助下逐步分化。但是在上述的這個夢裡，看不到這樣的現象；可見這個人對於無意識、對於精神分析感到強烈的恐懼與抗拒，因此發展的可能性非常薄弱。附帶一提的，在和他討論了上述的情況後，我明白地對他指出，想要以十堂課學會分析的方法，然後自己分析自己，這是不可能的。如果他真的有決心要治癒自己的精神官能症，除了繼續接受分析師的分析治療，別無他法。要這麼做，他必須有夢裡所顯示的、跳入「共產陣營」的決心。這個人回答說，他充分了解我所說的事情，但是在那個當下，他沒有那樣的力氣，也沒有那樣的決心。所以他要中止分析，等待下一次的機會，筆者也表示了解並接受。的確，與陰影對決有其適當的「時機」；而且若是不衡量自己的力量就莽撞進行，將會是非常危險的事，這一點我們千萬不能忘記。要說是遺憾的確是遺憾，但這也是沒辦法的事。

我們最初經驗到的陰影，就是以這樣的型態，呈現極度未分化的無意識全體。但是當它開始分化，就會像我們最初引述的夢那樣，開始具有個別的性質。這時候我們將能看到，它在什麼點上，呈現了我們自己忽略的面向？榮格說，當陰影顯現為與做夢的人同樣性別的人物，這種情況的性質是比較容易掌握的。接下來當陰影開始分化、無意識的內容逐漸意識化，心理的內容將會以異性人物的形象出現。榮格將出現在夢裡的異性人物形象命名為阿尼瑪或阿尼姆斯，並且與陰影作出區別。雖然本書的主題是陰影，但是為了掌握問題的全貌，接下來我們將概略地介紹榮格對心的結構的想法。這樣或許能讓我們看清楚，陰影在我們心的整體之中，具有什麼樣的意義。

心的結構

在進行有關陰影的論述時，我希望以「讀者們對於榮格心理學有某種程度的認識」作為前提。但是這件事不能強人所難，因此請容我在這裡簡單敘述榮格對心的結構的想法。

榮格將「心」分為意識與無意識兩個層次來思考。二十世紀初期，他與佛洛伊德合作進行聯想實驗，證明了人的內心之中，確實有某種阻礙意識發揮功能的力量存在。某些心的內容形成具有情感特色的集合體，並且擾亂自我的統御。這種心的內容的集合，榮格將它命名為具有情感特色的「情結」（complex）。這樣的情結，是那些未經自我統合的心的內容，聚集在無意識中形成的。有趣的是，榮格在他還沒有確立「陰影」的概念時，已經在一九一二年的論文中，將這種無意識的存在稱為「心（靈魂）的陰影面」（Schattenseite der Seele。譯案：「Seele」一字，在德文中亦有「靈魂」的意思）。[13]或許情結、無意識、心的陰影面等等這些用詞，對這個時期的榮格來說，所表達的是同一種事物。然而，因為榮格非常關心思覺失調症（schizophrenia，舊譯「精神分裂症」）的治療方式（這一點是他與佛洛伊德不同的地方），他開始認為，如果只運用「情結」這個概念，恐怕難以理解人類的無意識。為了說明上述這一點，我想放棄榮格自己舉出的例子，而另外引用一首詩；它同時能幫助我們說明「陰影」的問題。根據該詩集序文的敘述，這首詩的作者是一位「被診斷出患有思覺失調症的少女」[14]。

窗子的玻璃裂了
裂痕如此銳利
好像人就要殺人
兩個影子正在（底下四個字不明）
一個影子拿著刀
另一個影子也向它逼近
仔細一看
現在也好像正要跑出來似的
越來越大
黑影大到幾乎要飛撲過來
玻璃掉到桌上
撿起它握在手中
銳利的尖端
發出不祥的光芒

---

13 原註：Jung, C. G., *Wandelungen und Symbole der Libido*, Deuticke, 1912.

14 原註：久保紘章編《天上的鐘——罹患心病的少女之詩》（『天の鐘　心を病める少女の詩』）ルガール社　一九七二。

殺了他！
用碎玻璃的尖端刺進咽喉
殺了他！
死神從門縫溜進來
大喊著去死！去死！
殺了他！

這首詩所帶給人的強烈印象，不是用「打動人心」這樣的話可以形容的；讀了這首詩的感覺，就好像靈魂被切開一樣。必須注意的是，它的意象所帶來的，並不是「少女在生活中壓抑著什麼」這種個人層次的東西，而是非常深沉、普遍的意義。榮格研究思覺失調症患者時，發現他們的妄想與幻覺，與夢、原始人的心性、神話、民間故事等等，具有相同的意象。而且，這些妄想與幻覺發生的時候，總是伴隨著深沉的情感經驗；其意象的普遍性，是全人類共通的。因此榮格得到一個想法——在人的無意識中，存在著某種人類共通的、普遍的層次。

於是，榮格將無意識分為個人無意識與集體無意識來思考，並且認為所謂的情結，是屬於個人無意識的內容。然而先前我們已經看到，我們在民間故事、原始信仰，以及思覺失調症患者的內在心像中，都可以看到陰影的存在。榮格提出一個假設：在這種普遍意象的背後有其原型（archetype, Archetypus），存在於人的集體無意識之中。也就是說，原型是存在於人類無意識中的表象可能性；當我們將它意識化、以具象的方式掌握它，就是原型的意象。原型本身是假設性的存在，無法意識化；但因為其意象普遍存在於全世界，我們可以反過來推測，這些意象有一個共通的基礎，也就是原型的存在。因此在之後的論述中，我們必須區分「作為原型的陰影」與「陰影的意象」，以及「個人的陰影」與「集體的陰影」之不同。集體的陰影是人類普遍難以接受、普遍抗拒的心的內容，非常接近「惡」本身；但個人的陰影就算對某人來說無法接受，卻不一定是「惡」。榮格本身在談論陰影的時候，並沒有清楚地說明，現在自己談的是「作為原型的陰影」或是「陰影的意象」。雖然讀者只要稍加注意就不至於發生混亂，但若是沒有仔細分辨，有時候會不知道他在說什麼。本書也是如此，在不太可能引起混亂的地方，並不會太講究用詞的精密，而只是簡單地說「陰影」，還請讀者們多注意。

剛剛我們談的是陰影，但榮格還發現了其他原型的存在。一般來說，我們在進行夢的解析時，最開始出現的是陰影的意象，通常我們從它與個人無意識的關聯來理解。解析繼續進行之後，接著出現的是異性像。對男性來說，出現的是女性像；對女性來說則是男性像。這兩種原型，榮格分別命名為「阿尼瑪」與「阿尼姆斯」。

以安徒生的《影子》為例。主人翁的學者無意間在對面房子的陽台所看到的「身形高䠷姣好的女性」，就是學者本身的阿尼瑪像。因為生活太過死板嚴謹，學者失去了與心中阿尼瑪的聯繫，難得在無意間看到的阿尼瑪像，也很快就失去了蹤影，結果是他的影子去和阿尼瑪見了面。原本學者應該可以透過自己的影子與阿尼瑪接觸，但是因為影子脫離學者而獨立行動，最終導致悲劇。與阿尼瑪斷絕接觸的學者，寫了有關真善美的書，卻賣不出去，但那是理所當然的。阿尼瑪就是「靈魂」，而沒有靈魂的書是不會有人買的。

本章第二節一開始所引述的那個夢顯示，對做夢的那位女性來說，陰影是她接觸自己的阿尼姆斯的途徑。阿尼姆斯是存在於女性心中的男性像的原型；要意識到它的內容，並且統合到自我之中，對女性來說是相當困難的事。

關於阿尼瑪、阿尼姆斯，還有一種存在於內心深處的原型，就是自性（self, Selbst）。自性是榮格最重要的概念之一。榮格將自我定義為意識的統合的中心，而將自性定義為心的中心，它同時包含了意識與無意識。自性是心的中心，經常發揮補償自我片面性的功能；在夢中則透過曼荼羅之類的幾何圖形，顯現其統合性與中心性。

榮格曾經嘗試透過自己的夢，來說明自性的觀念；讓我們在這裡舉出其中之一為例。這個夢也與陰影的問題有關。[15]

榮格的夢：我從家裡看出去，看到兩個形狀像透鏡、發出金屬光澤的圓盤，越過屋子上方，畫著弧線向湖那邊飛去。那是幽浮（飛碟）。接著又有一個圓盤筆直地朝著我飛過來。它的形狀完全是圓形的透鏡，就像望遠鏡接物那一端的鏡片。在距離四、五百公尺左右的地方，它暫停了一下，隨即飛走。之後立刻又有一部飛碟從空中飛過來。它也是金屬製的、透鏡形狀的圓盤，連接著一個箱子——魔法的幻燈機。它在距離六、七十公尺處靜止下來，隨後筆直地朝我飛來。我帶著驚嚇醒了過來。半夢半醒中，我的腦子裡閃過了一個想法：「我們一直認為，空中的飛碟是我們的投射。但是，如今我們已經成為他們的投射。我是從魔法的幻燈機投射出來的，名為C・G・榮格的投影。然而，是誰在操作那部機器？」

這是一個深刻，而且某種意義下很可怕的夢。這夢說的是，現實中的人物只不過是魔法幻燈機投射出來的幻影而已。那麼，是什麼人在操作那部幻燈機？「是自性」——榮格如此回答。我所意識到的、我所認識的我的背後，存在著真正的我，而那就是自性。雖然我們無法認識作為原型的自性，但我們可以意識到自性的作用與意象。透過將自性的作用與意象意識化，我們可以逐漸接近真正的自性；這個過程，榮格將它命名為「自性的實現」。

在實現自性的過程中，陰影、阿尼瑪（或阿尼姆斯），以及自性的原型是非常重要的。一般來說，它們會在夢的解析過程中，依照這樣的順序逐一顯現。如前所述，陰影通常是我們最先體驗到的，而且很容易以混合著其他原型的型態出現。因此在分析的初期，有時候甚至連要分辨陰影的意象或自性的意象，都是很困難的事情。當我們傾聽內心的聲音時，很難分清楚那到底是陰影的聲音，還是自性的聲音。從這裡也可以理解，「認識陰影」這件事的重要性。

15 原註：C. G. Jung, *Memories, Dreams, Reflections*，中譯版：《榮格自傳：回憶・夢・省思》，劉德彬、楊德友譯，張老師文化，2014。

關於陰影的問題還有很重要的一點，那就是普遍的陰影的存在。普遍的陰影正是「惡」的本身。那是人類共通的陰影。正如先前引述的那首詩所描寫的，影子打破玻璃窗闖入，高聲叫喊著「殺了他！」的意象非常強烈。關於個人的陰影與普遍的陰影的差異，若是以浮士德博士的故事為例，可以說瓦格納就是前者，而梅菲斯特則是後者。榮格也說過，普遍的陰影的問題，與阿尼瑪、阿尼姆斯的問題同樣困難。但是，在迫切需要批判、改變現行體制的今天，我們一定得思考普遍的惡。讓我們將以上的討論放在心上，繼續思考陰影的問題。

三．陰影的種種面貌

投射

只要是人，不管是誰都有影子；但我們總是竭盡所能地逃避，不願意承認這一點。人們最常用的逃避方式，應該算是「投射」的機制吧！所謂投射，就是將自己的影子投射在他人身上。但雖然說是投射，人們並非毫不選擇對象。以這個意義來說，遭到投射的人，也具有某些引起別人投射的特質，這也是事實。

先前我們說，一旦開始進行夢的解析，首先出現的是陰影的意象。但即使在不分析夢、只透過普通對話進行的諮商中，陰影的話題也經常出現。比方說，曾經有人舉出自己身邊有某個「不喜歡蟲子」的人，並且在言語上不斷攻擊這個人。也曾有另一個人，說自己不太在意錢的事，但同事X對錢非常計較。「他覺得錢是人生最重要的事」、「只要是為了錢，那傢伙什麼事都做得出來」……就這樣一而再、再而三地批評這位同事X。但我們能隱約感覺到，在這個人異常的熱心背後，隱藏著不安與恐懼。像這樣的對話持續一段時間以後，就會發現這個人其實是把自己陰影的部分——金錢的問題——投射到X身上。很多時候，如果這個人稍微改變自己的生活態度，接受自己陰影的部分，問題就能得到解決，與X的人際關係也會好轉。

這時候重要的是，當這個人對X抱有強烈的負面情感時，很容易超過自己個人的陰影，而開始將普遍的陰影投射到X身上。在實際生活中，X的確很可能有某些值得詬病的行為，比如有點小氣之類的。但如果說X「為了錢什麼事都做得出來」，那就已經脫離現實，這時候所投射的是普遍的陰影了。也就是說，當我們拒絕面對自己的陰影的問題時，就會將普遍的陰影加於其上，將它變成絕對的惡，為自己的拒絕正當化。所以當我們實際見到那些被某人說成是十惡不赦的壞蛋時，經常會覺得所謂的壞蛋並不是真的那麼壞。每個人都背負著陰影。但是在現實中，真正徹頭徹尾的惡人其實並不多見。當我們發現自己拼命攻擊的「惡人」實際上並不是真的那麼壞，就必須「撤回投射」。也就是說，我們必須自覺到，我們投射到那個人身上的陰影，其實屬於我們自己。撤回投射需要很大的勇氣。

進入青年期以後，做子女的經常將自己的陰影投射到父母身上（特別是同性的一方）。這當然也和父母實際上是什麼樣的人有關，但是無意間發現父母的陰影而大吃一驚的子女，經常譴責或

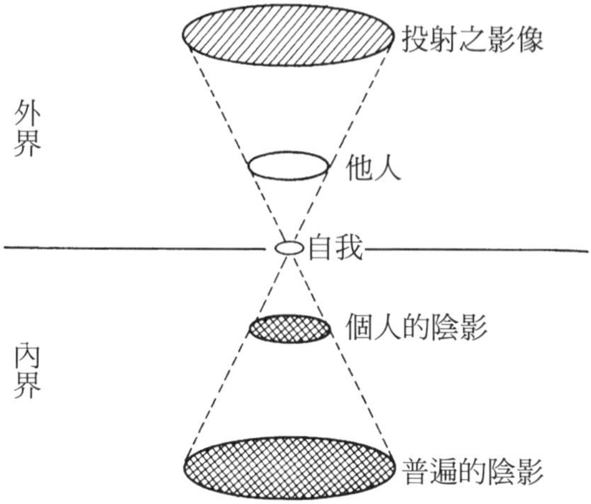

圖 2　投射

批判父母的時候，將普遍的陰影混入其中。當然，做子女的若是能夠成功地撤回投射，就有機會因此而得到成長；陰影的發現，能促進做子女的人邁向獨立。從這一點來看，我們也可以說，在人成長的某些階段，陰影的作用是必要的。

投射的機制中，有一個略為複雜的問題，那就是「白色陰影的投射」。未能在個人生命中顯現的另一個半面，並不限於惡。舉例來說，有些人會在生活中壓抑自己和善待人的傾向；對這樣的人來說，「和善待人」就是他們的白色陰影。這樣的人會將這種白色陰影投射在他人——比如說上司——身上。在這種情況下，投射也會超過現實，而期待上司具有絕對的仁慈和善。一旦上司沒有表現出他所期待的仁慈和善——儘管那是不可能做到的事——他就會立刻予以譴責。這種案例出乎意料地多。乍看之下，白色的投射似乎是期待他人良善的一面，但結果卻演變成對他人的攻擊。這時候當事者完全沒有意識到自己的責任，以及自己所背負的陰影，這是「白色投射」的特徵。

陰影的反撲

投影是人們極常使用的一種心理機制。當投射以集體的方式進行的時候，團體的成員要自覺到陰影的存在，就更加困難。當團體的所有成員都面朝同一個方向、而且是「光明面」的時候，沒有人注意到背後巨大的陰影，也是理所當然的。當團體「團結一致」往同一方向前進，回頭注意到陰影的存在的人，立刻會在集體的壓力下遭到抹殺；因為對團體來說，再沒有比這個更危險的事了。團體繼續前進，而犧牲者被背後的陰影吸收，就只是消失而已。

像這樣的團體，力量當然非常強大。但是，不論多麼強大的事物，也一定會有某些弱點。這種團體會在某些時候遭受陰影強烈的反擊，而且絲毫沒有防備的能力。向心力極高的團體，雖然能在短期間內發揮強大的力量，但總有一天會暴露出弱點，屈服在陰影的反撲之下。有時候陰影會從外部攻擊，有時候則在內部突然興起。稍微翻開歷史就可以發現，這種極端的反轉現象隨處可見。

當陰影的力量逐漸增強，開始在團體成員的無意識中活動時，雖然人們仍然有意識地繼續為團體努力，心中卻感到難以言喻的不安，對工作的熱情也漸漸冷卻。這時候，陰影開始侵入少數成員的意識之中。被迫背負集體陰影的都是些什麼樣的人？是強者還是弱者？這一點很難斷定。無論如何，以結果來說，這些人要不是成為先知、詩人、精神官能症患者、精神病患或是罪犯，就是一口氣在陰影的反叛中成功，而成為獨裁者。總之，他們被強迫賦予某種異常性。誰、又是為什麼會成為天選之人？如果我們追根究柢就會發現，有某種無法抗拒的力量——除了稱之為命運還能說什麼？——在推動這一切。那些不想用「命運」這個字眼的人，也許可以說那是「自然的力量」吧！這樣的力量讓我們切實地感覺到，人其實也只不過是自然的一部分；而面對自然的力量，人的意志毫無用武之地。就像榮格所說的：「對於要為火山加上蓋子之類的大工程，人的理性是完全派不上用場的。」[16]

榮格就是用這種角度，來看納粹在德國的抬頭。他在一九三六年發表的文章〈奧丁〉（Odin）中指出，如果將納粹的崛起，視為長期處於基督教文明過度壓抑下的、奧丁（北歐神話中的神）的現身，最能理解當時發生的現象。[17]奧丁是凶惡殘暴的神。就像希臘神話裡的狄奧尼修斯（Dionysus）一樣，奧丁將人們化為狂暴的群眾，使他們聽任本能的驅使，做出像暴風雨一樣的瘋狂行為。基督教認為所謂的道德，就在於抑制本能，因此將奧丁或狄奧尼修斯這樣的神描繪成長蹄長角的惡魔，貶低他們的地位。但是長期蟄伏於地下的奧丁，在經過千年歲月之後進入德國國民的心，浮現於他們的意識。原本在更早之前，就已經有一個人完全以個人的身分捕捉到這反基督的動向，那就是以肯定的態度高聲宣揚狄奧尼修斯的尼采。但就像榮格所說的，尼采「述說著肯定，卻活在否定裡」[18]。他一個人背負著這過於沉重的包袱，最後不得不在瘋狂中死去。

據說尼采十五歲的時候，曾經在夜裡漫步於森林之中，遇見了可怕的獵人。他首先是聽到附近精神病院傳來令人不寒而慄的叫聲，嚇得全身發抖。緊接著，他撞見一個面貌凶惡的獵人。據說因為這獵人用口哨吹出異常尖銳的聲音，尼采聽了之後失去意識而倒地不起。自古以來，人們總是將獵人描繪成奧丁的樣貌。尼采所見到的幻影，或許就是奧丁這位德意志的神。長期在基督教的壓制下不得不隱遁的奧丁，被迫以悲劇的方式現身。

陰影的反撲，也會發生在個人的生活之中。假使個人自我的結構過於偏向某個方向，總有一天會遭受陰影的反撲。莎士比亞的悲劇就精彩地描繪出陰影的生成與活動。一直到結局為止，馬克白的陰影行動如此迅速，令人聯想起奧丁所率領的大軍，鋪天蓋地穿越森林的威勢。至於在《奧賽羅》裡，伊阿古當然是「陰影主角」。許多人探討伊阿古陷害奧賽羅的動機。雖然伊阿古曾經在他的獨白中，說出自己的動機，可是不但每次說的都不一樣，而且彼此矛盾。不過，其實這是理所當然的事。奧賽羅實在太過完美，不知懷疑為何物；這樣的奧賽羅，必然會召喚出伊阿古。也就是說，奧賽羅與伊阿古是成對的存在，並沒有哪個是哪個的原因、哪個是哪個的結果這種事。簡單來說，伊阿古也是犧牲者之一，他當然不會知道自己行為的動機。正因為如此，才會所有的人都被他矇騙。《馬克白》中預言「命運」的女巫，在《奧賽羅》裡並沒有出現。儘管如此，奧賽羅的悲劇終究可說是命運的悲劇。因為它在敘述個人故事的同時，也描述了超越個人的事物。當原型發揮作用的時候，個人的故事就是普遍的故事。也可以說，它在描寫人的同時，也描繪出廣義的「自然」。莎士比亞的悲劇裡有許多死亡，卻能給予我們颱風離去、雨過天晴的感覺，或許就是這個原

16 原註：Jung, C. G., *Civilization in Transition*, C. W. 10, Pantheon Books, 1964.
17 原註：ibid.
18 原註：Jung, C. G., *Two Essays on Analytical Psychology*, C. W. 7, Pantheon Books.

因吧！

代為背負陰影的人

也有些人雖然過著壓抑陰影的生活，看起來卻絲毫沒有受到陰影的反撲。但如果仔細觀察就會發現，這樣的人之所以能一味地活在光明之中，很多時候是因為身邊有人代替他承擔陰影。比方有些被大家視為聖人君子的宗教家、教育家，他們的小孩卻是無可救藥的放蕩浪子，甚至是罪犯，就是上述的情況。世人覺得不解——明明是親子，為什麼個性、人品會有這麼大的差異？人們要不是責怪子女不孝，就是懷疑做父母的——說不定他們雖然被稱為聖人君子，私底下卻對小孩很冷淡，親子關係其實並不好？……等等。但是以這種層次來思考，無法了解這件事。就算他們的親子關係從一般的角度來看沒有問題，但是父母「沒有陰影」的生命態度本身，就會產生一股力量，迫使子女代為背負他們的陰影。一般人相信，如果父母素行不良，孩子也會變壞；如果真的是這樣的情況，那麼治療也相對簡單。但是，某些場合會讓我們不得不說，有些孩子之所以變壞，正因為他們的父母品行端正。

就算不是那麼戲劇化的情況，做子女的或多或少都被迫背負父母的陰影。許多時候，儘管孩子掙扎著抵抗父母的陰影，但結果要不是背著這陰影、走上與父母完全相反的人生道路，就是一生努力排除那陰影，採取與父母同樣的生活方式。在大部分的情況下，雖然做子女的從各方面批判自己的父母，最後卻只有兩種生命態度可以選擇：與父母相同，或是完全相反。想要適度地修正父母的生命態度，可以說是極度困難的事。因為無意識的陰影的力量，頑強的慣性限制了我們有意識的努力。

尋找對象，以代替自己背負集體陰影的現象，則形成「代罪羔羊」（scapegoat）的問題。德國納粹的猶太人大屠殺，應該沒有人不知道吧！透過把所有的惡都歸罪於猶太人，納粹提高了自己團體的凝聚力，也減少了團體內相互攻擊的行為。換句話說，他們把團體的陰影全部強加在代罪羔羊身上，而自己扮演正直的人。家族、學校的班級以及公司的內部，經常出現代罪羔羊，因為對站在多數那一側的人來說，那是個簡單的方法——只要踩在某個（某些）人的犧牲之上，就可以輕鬆地獲得幸福。而那些無意識程度嚴重的人，甚至還會真心認為，代罪羔羊的存在擾亂了團體的幸福。事實上是代罪羔羊的存在，讓自己可以買到廉價的幸福，但他們絲毫沒有自覺。

納粹就是個典型的例子。當政者為了避免民眾向自己攻擊，而把陰影轉嫁到外部某處。民眾開始投射普遍的陰影（就像之前描述過的），而且抱持一種錯覺，認為某個國族、某種文化，就是惡的化身。冷戰時期，雙方陣營互相咆哮叫囂。榮格說得好：「鐵幕的那邊，對著西側的人呲牙咧嘴，但他們真正仇視的對象，是自己邪惡陰影的臉孔。」[19]人要自覺到眼前的陰影屬於自己，是極為困難的事。

若是不製造代罪羔羊，或是不將團體的陰影投射到外部，還有一個防堵團體內陰影反撲的方

19 原註：Jung, C. G., *Man and His Symbols*, 1961. 中譯本《人與其象徵：榮格思想精華》，立緒文化，2013。

法，就是陰影的祭典。如同榮格所說，中世紀歐洲盛行的「愚人祭」就是個典型的例子。那是將支撐中世紀秩序的基督教教義，完全逆轉過來的祭典。「在崇拜儀式的途中，臉上塗著怪誕化妝的變裝者，扮成女人、獅子、小丑等等，開始跳舞。聖歌隊唱著猥褻的歌曲、人們在舉行彌撒的祭壇角落吃著油膩的食物，甚至賭博。他們焚燒老舊的皮革、發出惡臭，在教堂中奔走蹦跳」[20]——這樣的景象，真的是非常令人震撼。對於受到基督教教義嚴格束縛的民眾來說，這正可以說是「淨化陰影的祭典」（shadow catharsis festival[21]），透過這樣的祭典，可以防止遭到壓抑累積的陰影突然爆發。在日本也有許多類似的淨化陰影的祭典。盆踊就具有這樣的意義，而現在各地仍經常舉行的各種「無禮講」，顯然也扮演了這樣的功能。不過，這類的愚人祭並不是只有宣洩、淨化的消極作用，而具有更積極的意義。關於這一點，我們將在第四章談及。

永恆少年

在與陰影有關的各種現象中，永恆少年（puer aeternus）是個非考慮不可的問題。

之前我們已經談過子女代替父母背負其陰影的例子，但是做子女的把他們的陰影強加於父母身上的情形，也經常發生。小孩想做什麼就做什麼，母親則不斷跟在後面收拾爛攤子。雖然母子關係在剛形成的時候或多或少都是如此，但如果已經到了成人的年紀卻還停留在這樣的模式，程度過於嚴重的時候，就會讓我們覺得那是「永恆少年」原型的作用。少年不背負自己的陰影。有時候，甚至不知道自己有陰影存在。

「永恆少年」是古羅馬詩人奧維德（Publius Ovidius Naso, 43BC-AD17/18）的用語，用來稱呼艾盧西斯祕儀（Eleusinian Mysteries）中的少年神伊阿科斯（Iacchus）。艾盧西斯祕儀來自狄蜜特（Demeter）與珂兒（Kore）的神話，從穀物以大地為母胎，冬天枯萎、春天萌芽的現象出發，所發展出來的死與重生的神祕儀式。在穀物不斷反覆死與重生的過程中，「永恆少年」之神伊阿科斯就以穀物的樣貌顯現。永恆少年在成年前死去，於大母神（the great mother）的子宮中重生，再次以少年的樣貌出現於這個世上。他始終保持少年之身，從未長大成人。永恆少年是奇妙的存在；他是英雄、神之子、皇子，也是大母神的孩子、救世主、搗蛋鬼（trickster），但不論作為哪一種身分，他從未成熟。他會試著扮演英雄或救世主而急速上升，但總是在成功之前突然下墜，被大地之母所吸收。但是，他又會以新的樣貌重生，再次嘗試急速上升。這種永恆少年的原型，存在於所有人內心的無意識之中。當一個人與這樣的原型同一化的時候，就會成為「永恆少年」——永遠的小孩。

與永恆少年原型同一化的人，榮格派的分析師很傳神地描繪出他們的形象[22]。活在現代社會中的永恆少年們，不一定真的是年輕人。他們不受社會習俗的束縛，筆直地向真實迫近，追求理想。希爾曼（James Hillman, 1926-2011）指出，永恆少年的主題是「上升」，為了追求理想而嘗試急速

20 原註：ラディン　ケレニー　ユング　皆河・高橋・河合訳　山口昌男解　『トリックスター』晶文社　一九七四。
21 Von Franz, ibid.
22 原註：比如 von Franz, M.-L., *Puer Aeternus*, Spring Publications.

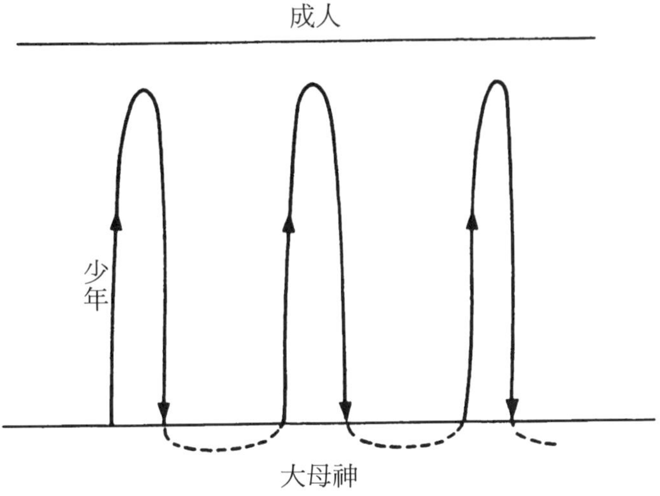

圖 3　永恆少年

向上攀升。但是他們與水平方向的時間空間——也就是「現實」——的聯繫十分薄弱，這是他們的特徵。他們雖然追求理想，卻沒有實現理想的力量。他們最不拿手的事情，就是等待與忍耐。當他們失去與現實的聯結時，就會停止上升，開始急速下降。一旦被吸入大地、回到大母神的子宮，他們就開始了無所事事的生活。他們會告訴自己，自己之所以無法適應社會，是因為沒有人了解他們的特殊才能；或者說這個社會是錯的、沒必要去適應它，為自己的無所事事合理化。不過某一天，他們又會突然像被什麼東西附身一樣，以拯救人類、做人類的警鐘為目標，再度開始急速上升。這時候他們力量的強大讓許多人驚嘆，有時甚至會喚起人們巨大的期待。但是結果早已註定，不久之後他們又會開始下墜，什麼事也不做。少年為了追求光明而向上攀升，但他爬得越高，投射在大地之母（母性大地）上的陰影也就越大。對他們來說，那陰影就是父母、社會、國家。他們要求父母、社會與國家，為所有的惡負責，但從沒想過要自己背負自己的陰影，以自己的雙腳站立。當他們意識到自己陰影的存在時，也就是死亡到訪的日子。要如何面對這死亡？是把它當作成長的契機，還是就此回歸母性大地？如何選擇，就看他們自我的強度了。

永恆少年之死的神話，在全世界各地都可見到。在眾多神話之中，我們將舉出北歐神話巴德爾（Balder）之死的故事作為例子，因為它如實地描繪出永恆少年與陰影的關聯。

巴德爾做了一個非常怪異的惡夢。他把這個夢的內容告訴了眾神，眾神為此召開會議，並決議要讓世界上所有的事物，都無法危害巴德爾。巴德爾的母親芙麗嘉（Frigg）跑遍世界各地，與火、水、土、石、動物等等世上所有的事物約定，無論如何都不可以傷害巴德爾。眾神於是感到安心，甚至還構想了一個遊戲。他們讓巴德爾站著不動，大家拿各式各樣的東西扔他。果然不論是什麼東西打中巴德爾，都不能對他造成一絲一毫的傷害，眾神樂此不疲，玩得很高興。但是邪神洛奇（Loki）看到這個情景，非常嫉妒。他化身為一個老嫗向芙麗嘉套話，得知唯有一株小小的「槲寄生」，芙麗嘉沒有要它立誓；因為槲寄生實在太弱小了，應該無法傷害任何人。聽到這件事，洛奇連忙去取來那株槲寄生。他看到奧丁（Odin）的兒子霍德爾（Hoder）因為眼盲沒辦法和大家一起玩，假裝好意幫他，把槲寄生的樹枝放在他手裡，並且幫助他瞄準巴德爾的眼睛丟出去。

霍德爾很高興地照著洛奇的話做，結果一發就命中，巴德爾當場就死了。看到這不幸的場面，眾神愣在原地，一時反應不過來，洛奇趁機逃走。接下來是眾神向洛奇尋仇的故事，但這部分我們暫且略過，來思考一下少年神巴德爾之死所象徵的意義。

據說巴德爾非常俊美，任何人只要看過他的樣貌、聽到他的聲音，就一定會喜歡上他。這也是「永恆少年」的存在方式之一。永恆少年把所有的陰影都丟給母親，自己則扮演好孩子的角色。如果真的可以命令全世界所有事物都不可以傷害我的孩子，那麼恐怕全日本的母親都想要這麼做吧！很明顯地，母親芙麗嘉與巴德爾的關係非常緊密。這種緊密的母子關係，榮格甚至稱之為「永恆的近親相姦狀態」[23]。在這個神話裡，「槲寄生」這種植物就象徵了這樣的關係。「槲寄生」寄生在作為寄主的其他樹木上，與寄主生命與共。從這個類比來看，槲寄生就像是巴德爾作為陰影的兄弟，與巴德爾是相等的。事實上當洛奇將它從寄主植物身上剝離的那一刻，巴德爾的生命已經結束了。於是在陰影的一擊之下，巴德爾隨即倒地。榮格這麼說：「英雄若是要完成其英雄的事業，需要強大的生命力與意識，否則陰影將成為致命的因素。」[24]順帶一提，洛奇在這裡所扮演的，與《奧賽羅》裡的伊阿古是同樣的角色。關於洛奇所代表的意義，我們稍後再論；現在先讓我們談談，實際與永恆少年接觸時應該注意的事情。

就像巴德爾的神話所顯示的，永恆少年的問題之所以難以處理，是因為他們的背後始終緊跟著死亡的陰影。如果勉強阻止他們急速上升，經常導致他們的死亡。因此對我們心理治療師來說，除了與這些少年一起在空中飛翔，再慢慢設法制止他們，別無他法。或者像馮．法蘭茲所說的，當少年背著氣球飛翔，我們也只能靠著氣球的浮力向他們飛去；趁著兩人一起飛在空中的時候，逐漸洩掉氣球裡的氣體。這是非常需要耐心的工作。但是一般人通常有兩種反應：要不是為背著氣球飛翔的年輕人喝采，就是帶著憤恨不滿，打破他的氣球。若是與少年一起飛翔，我們也必須冒著生命的危險，所以大多數人只是停留在地面，與他們應對。這說不定也是理所當然的事。

永恆少年們沒有意識到自己的陰影，將陰影投射到父母與社會，自己一徑地過著正確、幸福的生活。但是，每個人總有一天都必須自覺到自己的陰影。雙重人格與分身（Dopplegänger）的現象，最能以戲劇化的方式讓我們看到陰影的存在。下一章就讓我們來探討這個問題。

23 原註：Jung, C. G., *Symbols of Transformation*, C. W. 5, Pantheon Books, 1956.

24 原註：ibid.

第二章

影子病

在前一章中，我們談到原始人將影子視同為靈魂，認為一旦影子與本人分離，將導致當事人死亡。日本的江戶時代，也有「影子病」（日文：影のわずらい、影の病い）這種稱呼，顯示當時的日本人也有相同的想法。本章將探討這一點，以及存在於人無意識中的陰影，所引起的疾病與異常狀態。

一．分身

影子病

江戶時代所說的影子病，又稱為離魂病。當時的人認為，那是因為人的靈魂脫離身體、四處遊蕩所引起的。讓我們來看看栗原清一在《日本古文獻的精神病學考察》一書中，所引用的例子[1]。

一個叫北勇治的人從外頭回到家，打開客廳的門一看，有個人背對著他坐在桌子前。是誰在自己不在家的時候來訪呢？仔細一看，束髮的方式，衣服、腰帶，都和自己平常的打扮一模一樣。雖然北勇治沒看過自己的背影，但這個人的樣子實在和自己太過相像。他想看看那個人的臉，就大步向前，但那個人頭也不回地，從兩道紙拉門中間的細縫鑽了出去，走到門廊去了。北勇治追了上去，但已經看不到那個人的身影。他跟家裡的人講了這件事，只見他的母親皺緊眉頭，一句話也沒說。後來北勇治就生病了，在那一年中死去。

「迄今三代之人，凡見到自己身影者，皆因病死去。此正所謂影子病是也。母親與僕役雖知其祖父、父親皆因此病逝去，但此事過於不祥而難以啟齒，故主人並不知情」。

換句話說，所謂影子病就是看到自己的身影。依照當時的人的解釋，那個身影就是脫離自己的靈魂。「看到自己的身影就會死掉」這種傳說不只流傳在日本，德國也有這種說法。

雖然這個離魂的故事很可怕，但流傳在中國的另一個「靈魂出竅的故事」，結局卻是圓滿幸福的。那是個收錄在《唐代傳奇集》裡的故事。[2]

倩娘這女孩，喜歡一位名叫王宙的年輕人。雖然兩人相愛，但倩娘的家人並不知情，而將她許配給另一位男子。王宙又傷心又生氣，決定離開家鄉遠赴都城。動身當天的傍晚，只見倩娘赤著腳從王宙身後追趕而來，於是兩人連袂逃走，結為夫妻，在蜀國共度了五年，也生了兩個孩子。但倩娘一直思念父母，於是夫婦兩人帶著孩子回到了故鄉。王宙要妻子在離娘家不遠處暫時等候，他自己則先前往妻子的娘家說明實情並且道歉。然而倩娘的父母聞言大怒，認為王宙胡說八道，表示自己的女兒臥病在床，已經有五、六年了。但他們聽了王宙的解釋後，差遣使者前去確認。使者見倩娘不但身強體健，還問他「父親身體可好？」，大吃一驚之餘，趕緊回去向倩娘的父母報告。原本

1　原註：栗原清一『日本古文献の精神病学的考察』精神衛生学会、一九三二。

2　原註：陳玄祐「魂のぬけ出た話」（〈靈魂出竅的故事〉），收錄於前野直彬編譯『唐代傳奇集1』，平凡社，一九六三年。

在房間裡躺著的倩娘也聽到了，非常高興，起身換了衣服出來迎接他們。兩個倩娘見面的瞬間，隨即合為一體，連身上穿的衣服都完全一樣。

這雖然是個令人開心的故事，但是和前一個故事相較起來，當然是缺乏現實感。不過我們也沒辦法就這樣斷言它完全荒誕無稽，因為它和近代理論物理學家對世界的想像，有非常類似的地方。雖然有點偏離我們的主題，但還是讓我們稍作介紹。

一九三一年，劍橋大學著名的物理學家狄拉克（Paul Adrien Maurice Dirac, 1902-1984）發表了「反電子」的理論。從他的理論推論出來的「反粒子」，除了電荷、磁矩、自旋、奇異數與粒子相反以外，其他一切性質都與粒子相同。一旦這個反粒子與另一個自己（譯案：即粒子）接觸，兩者就會瞬時相互消融而湮滅。我們也可以想像，有些星雲能製造出由反粒子構成的反物質；而當物質的星雲與反物質的星雲碰在一起，兩者將互相抵消，並且從中產生全新的、強大的X射線源。[3]

美國物理學家法斯（Harold Paul Furth, 1930-2002）寫了一首很有趣的詩，發表在一九五六年十一月份的《紐約客》雜誌上：

對流層的遙遠彼方
有一個純粹的星星的領域
在那裡的反物質層之上
住著 Edward Anti Teller 博士[4]

他遠離溶解之源
不讓任何人發現
與所有反親戚們一起住在那兒
椅背的布套裡
放著望加錫髮油[5]

有一天
他在翻湧的海水中
看到一個巨大的圓盤

3 原註：Arthur Koestler, *The Roots of Coincidence*, 1972. 接下來所介紹的法斯的詩，也引用自同一本書。日文版標題是『偶然の本質』，由村上陽一郎翻譯，一九七四年，蒼樹書房出版。

4 原註＋譯註：Edward Teller（1908-2003）是美國核子物理學家，參與曼哈頓計劃，擔任領導的角色，以「氫彈之父」的稱號聞名。這首詩的作者法斯所杜撰的 Anti Teller 博士，是 Teller 博士的「反物質」之意。

5 原註＋譯註：望加錫（Macassar）是印尼第五大城市，以當地植物作為原料生產的髮油稱為「望加錫油」或「馬卡髮油」，十九世紀～二十世紀初曾在歐洲風靡一時。因為使用望加錫髮油的人非常多，當時的人紛紛為椅背加上布套，以避免沾染。因此，椅背的布套在英文裡就叫「anti-macassar」。這句詩寫著在椅背布套「anti-macassar」中放置「macassar 髮油」，是一種諧謔的表現，也有「反世界」的意味。（參考《偶然的本質》之譯註）

上面寫著A．E．C．三個字[6]
從地球來了一位訪客

他們高聲歡呼
在岸邊
長得一模一樣的兩個人
像小扁豆一樣
長得一模一樣的兩個人
伸出彼此的右手
緊緊相握
於是留下來的
只有伽馬射線而已

真是一首奇妙的詩。在《唐代傳奇集》裡，兩個人物合為人，但是在這首詩裡，泰勒博士與反泰勒博士握手之後消失無蹤，只留下伽馬射線。我們不得不說，近代物理學家竟然會有這樣的想像，實在是太有趣了。

分身（Doppelgänger）現象

所謂分身現象，是指一個人經驗到自己重複存在，看到或感覺到「另一個自己」。精神醫學將這種看到另一個自己的現象，稱為自見幻覺或自窺症（autoscopy），也可稱為分身、二重身、分身體或生魂等等。Doppelgänger 這個稱呼來自德國的民間傳說，詩人海涅曾以此為標題寫了一首詩，作曲家舒伯特將其譜成歌曲，因而聞名。日文一般譯為「影法師」，意思是「人的影子」。

分身現象有各種不同的情況。高柳功（1937～）曾經以總括的方式探討這個問題[7]，因此我們將參考他的觀點來一一介紹。

首先是當事人看到自己的影像。這還可以分成兩種情況：其一，是看到彷彿自己映照在鏡子裡的模樣（鏡像幻覺）；其二，是只看到自己身體的一部分或是背影（上一節北勇治的例子）。歌德在《詩與真實》中所敘述的經驗，就是這樣的例子。

第三種情況是，雖然當事人看到的影像和自己外觀不同，卻直覺判斷那是自己。明明不是同一個樣子，卻確信那就是自己——據說法國詩人謬塞（Alfred de Musset, 1810-1857）就曾有過這樣的經驗。

還有一種情況，是當事人在鏡子裡看不到自己的影像。法國學者索里耶（Paul Sollier, 1861-

6　原註：Atomic Energy Commision（原子能委員會）的縮寫。
7　原註：高柳功「二重身について——Capgras 症状群、身体図式、自我障害および離人症についての一、二の検討」（〈關於分身——有關 Capgras 症候群、身體基模、自我障礙以及人格解體之一二〉）『精神神経学雑誌73巻一号』一九七一。

1933）將這種現象命名為「負自見幻覺」（autoscopie négative）。下一個章節我們將討論的E．T．A．霍夫曼（E. T. A. Hoffmann, 1776-1822）的小說《除夕夜冒險》（*Die Abenteuer der Sylvester-Nacht*），以及莫泊桑（Guy de Maupassant, 1850-1893）的《奧爾拉》（*Le Horla*）都描述了這種現象。筆者本身還沒有親自遇見過這樣的案例，也不曾聽其他的治療師談過，這在現實中應該是非常罕見。

接下來是鏡子裡映照出兩個自己的影像。高柳功並未提及這一點，但我認為它可以算是一種廣義的分身經驗。潘可芙（Gisela Pankow, 1914-1998）曾經報告過這種案例[8]。某位女性在十六歲的時候，發生了這樣的經驗：「……某個晚上，我為了看書而上二樓。然後我照了一下鏡子。事情就發生在那一瞬間。我看到自己的內部有兩個人。從那一刻開始，我一直感覺有什麼東西在追趕著自己。」

第六種情況，是感覺或確信還有另一個自己存在。在這種情況下，雖然當事人並沒有真的看到另一個自己，卻感覺有另一個自己，與這個自己背對著背。或者當事人主張，雖然自己到學校來了，但還有另一個自己正在宿舍睡覺。在各種分身現象中，這是比較常發生的（話雖如此，在一般人當中仍然是少見的）。

第七種情形：當事人相信還有一個外觀不同的自己，在別的地方活動。另一個自己不但名字不同，相貌也不一樣，但當事人確信那就是自己。

最後一種情況，是當事人感覺自己存在於自己之外，從別的地方注視著自己的模樣。學者祖特

（Jurg Zutt, 1893-1980）曾描述過這樣的現象，筆者也實際接觸過有這種經驗的患者。舉個具體的例子來說，就好像自己在天花板上的某處，往下看著在房間裡的自己。

從以上簡單的介紹我們可以看出，即使同樣稱為分身，但不同的當事人經驗到的是各種不同的現象。雖然在某種意義下，這些現象都顯示出自我意識的異常，但它們分別是由相當不同的心理機制所造成的。從精神病理學的角度來看，不論是正常人、精神官能症患者、思覺失調症患者，都有可能發生這樣的幻覺；而癲癇、腦腫瘤等等器質性障礙，也會造成這些現象。

剛剛我們已經說過，歌德與謬塞都曾經歷過自見幻覺。此外，鄧南遮（Gabriele d'Annuzio, 1863-1938）、雪萊（Percy Bysshe Shelly, 1792-1822）、霍夫曼等作家、詩人，也都有過同樣的經驗。至於在日本，據說芥川龍之介（1892-1927）曾經遭遇過分身現象。[9]芥川還寫了一篇以分身現象為主題的極短篇小說《兩封信》（『二つの手紙』）。

可以想見的是，鏡子在分身現象的經驗中扮演了重要的角色。我們甚至可以說，映照在鏡子裡的自己的影像，是最原始的分身經驗。佛洛伊德在一篇探討「可怕事物」的評論中，描述了他自己很有趣的經驗。[10]某次乘坐夜行列車旅行的途中，他在一個臥鋪車廂的房間裡，隔壁是洗手間。就

8 原註：Gisela Pankow, *Dynamische Strukturierung in der Psychose*, 1957。日文版標題為『身体像の回復』，由三好曉光翻譯，岩崎学術出版社，一九七〇年出版。

9 原註：岩井寛『芥川竜之介』金剛出版新社、一九六九。

10 原註：フロイト（佛洛伊德）高橋義孝訳「不気味なもの」。收錄於『フロイト選集第7巻』日本教文社、一九五三年。

有關鏡子的兩幅畫　右上方的圖，是小漢斯·霍爾拜因（Hans Holbein der Jüngere，約 1497-1543）為伊拉斯謨（Desiderius Erasmus Roterodamus，1466-1536）著名的作品《愚人頌》（*In Praise of Folly*）所繪製的插畫。表情嚴肅的青年，映照在鏡子裡卻成為吐舌頭的小丑的臉。左下方的圖，則是近代漫畫家漢斯·黑姆（Hans Haem，1927～）的作品。在這幅畫裡，小丑映照在鏡子中的影像，是一位衣冠楚楚的紳士。影子不一定比實體劣等。這兩幅以鏡子為題材的畫，告訴我們許多事。

在列車劇烈地搖晃的時候，他的房門被打開了，一位戴著旅行帽、穿著睡衣的老人走了進來。佛洛伊德心想，這個人大概是要去洗手間卻弄錯門了，所以才會進來自己的房間。佛洛伊德站起身來想要向他說明，卻發現這位不速之客原來是自己映照在玻璃門上的身影，一時目瞪口呆。佛洛伊德表示，對他來說這是一次非常不愉快的經驗。

這是將自己的影像誤認為他人，與一般的分身現象是相反的。但是，當事人因為將自己的影像誤認為陌生人，而對自己存在感到不安，就這一點來說，與分身經驗是共通的。還有一種來自鏡子的異常經驗——當事人在照鏡子的時候，感覺鏡子裡的影像才是真正的自己，鏡子外面的自己只不過是「那個人」映照出來的影像，而感到不安。這種症狀也是一樣，雖然與分身現象不同，但是在心理層面上有共通之處。也就是說，自己的存在感變得很薄弱。

西丸四方（1910-2002）曾經詳細地記錄有分身經驗的患者所描述的經驗，留下了非常具有價值的資料。[11]有一位十五歲的少年表示，他稱之為「影子」的，其實是他的分身。這「影子」不但能任意地行動，而且還能像驅動機器人一樣，驅使自己做各種事。令人印象深刻的是，這位少年在治療過程中一再提出這樣的疑問：「我到底是什麼?」「『我』是什麼?『人』又是什麼?」。先前我們曾說過，要用單一種方式來說明所有各種分身經驗，是很困難的。但如果說，在所有分身現象的背後，都存在著這種根源性的疑問，這一點大家應該都會同意吧！

11　原註：西丸四方『病める心の記録』中央公論社　一九六八。

情結、陰影，或是佛洛伊德所說的超自我、無意識、靈魂等等……我們或許可以援用這種種概念，來說明上述的現象。但就像我們在第一章所說的，個人在感受到陰影的時候，「陰影首先是作為無意識的整體，進入個人經驗之中」，所以我認為將上述的現象視為未分化的陰影的經驗，應該是比較恰當的。當我們要強調這個陰影的不同面向時，則可以進一步透過情結、超自我、靈魂等等用語，更為妥善地描述它。且讓我們引用霍夫曼的小說《除夕夜冒險》，試著從這個角度說明分身的現象。

賣掉自己影像的男人

有相當多的文學作品探討分身現象。除了先前我們談論過的作品外，還有愛倫坡（Edgar Allan Poe, 1809-1849）的《威廉・威爾森》（*William Wilson*）、杜斯妥也夫斯基（Fyodor Dostoevsky, 1821-1881）的《雙重人格》（*The Double*，這本書的日文版譯者也表示，其實標題應該譯為《分身》）等等。王爾德（Oscar Wilde, 1854-1900）的《道林・格雷的畫像》（*The Picture of Dorian Gray*）也可說是屬於這一類。前述佛洛伊德的論文裡，討論了艾威斯（Hanns Heinz Ewers, 1871-1943）的《布拉格的學生》（*Der student von Prag*）。至於E・T・A・霍夫曼，他除了在作品中直接、間接地處理分身的主題外，本身也有過分身的經驗。[12]他的代表作之一《惡魔的靈藥》，就是描述分身經驗的作品。榮格從很早開始就對霍夫曼的作品感到興趣，還曾經在寫給佛洛伊德的信裡表示，總有一天要撰文探討。[13]但是很可惜地，他一直到最後都沒有針對這一點寫出完整的論文。

即使是關於《惡魔的靈藥》（*Die Elixiere des Teufels*），也只有在說明影子的概念時稍微提及。

霍夫曼《除夕夜冒險》這部小說的主題，正是索里耶所說的「負自見幻覺」。首先讓我們來看看它的故事綱要。

《除夕夜冒險》屬於一種框架小說（frame story）。「我」受邀在除夕夜參加法律顧問官的宴會，在那裡遇見過去的戀人尤莉雅。但是當「我」知道尤莉雅不但已經結婚，而且丈夫相貌奇醜無比時，忍不住奪門而出，離開了宴會。「我」去了一家地下的酒館，認識了兩個奇妙的男人。其中一個叫彼特・施萊米爾（Peter Schlemihls），他失去了影子；另一個叫伊拉斯莫・斯皮克赫（Erasumus Spiekher），他則是失去了鏡中的影像。「我」無意間看到了斯皮克赫的筆記本，而那裡面所寫的，就是斯皮克赫賣掉鏡中影像的故事。

斯皮克赫把妻子與小孩拉斯姆斯（Rasmus）留在德國，自己一個人去了義大利。他在佛羅倫斯參加了一場專為德國男人與義大利女人舉辦的宴會，在那裡遇見了一位絕美的女性茱麗葉塔（Giulietta）。「當他第一眼看到茱麗葉塔，伊拉斯莫感到某種特別的感覺；為什麼心底會產生這麼強烈的感動？他自己也不清楚。當她向他走過來的時候，一股奇怪的力量攫住了他；伊拉斯莫胸口一緊，幾乎要窒息。」於是斯皮克赫急速地與茱麗葉塔墜入愛河。斯皮克赫的友人弗里德里希

12 原註：吉田六郎『ホフマン——浪漫派の芸術家』（《浪漫派藝術家霍夫曼》）勁草書房　一九七一。

13 原註：*The Correspondence Between S. Freud and C. Jung*, Princeton University Press, 1974.

（Friedrich）看到他這副模樣，忍不住告訴他茱麗葉塔其實是個非常狡猾的高級妓女，關於她有許多不好的傳聞，勸他趕快回到故鄉妻子的身邊。斯皮克赫被好友的話打動，決定回家。但是在動身之前，他受到茱麗葉塔的手下、密醫達培丘特的巧妙話術誆騙，前往茱麗葉塔的住處。

在茱麗葉塔家，斯皮克赫和一個義大利男人打了起來——這應該也是個設計好的陷阱——並且殺死了他，因此不得不逃離佛羅倫斯。臨行前茱麗葉塔告訴他，希望留下他的影像。斯皮克赫不懂她的意思。茱麗葉塔解釋，希望把他的分身留在鏡子裡，斯皮克赫同意了。「茱麗葉塔吻了他，讓他的嘴唇幾乎要燃燒起來。然後她放開他，彷彿帶著無限愛意地，向鏡子那邊伸出了手。伊拉斯莫看見鏡子裡，出現了自己的影像；但是那影像的動作，與自己的動作毫無關係。那影像溜進茱麗葉塔的手中，發出一陣陣異香，和她一起消失了蹤影。」

在那之後，斯皮克赫又被達培丘特醫師誆騙了一次。不過，最後他終於在弗里德里希的幫助下，急急忙忙啟程回故鄉。旅行途中，人們發現鏡子無法映照出他的影像而唾棄他，甚至警察也來警告：「一小時內帶著一模一樣的影像來警察局報到，否則就必須離開這個城鎮」。歷經千辛萬苦，斯皮克赫總算回到家。妻子高興地迎接他，他們開始了和平的家庭生活。然而不久兒子拉斯姆斯就發現鏡子裡照不出父親的影像，妻子也嚇了一跳，大聲咒罵斯皮克赫是地獄的惡鬼，不是她的丈夫。

斯皮克赫倉惶逃出家門時，不知從哪裡冒出來的達培丘特，就等在門口。斯皮克赫表示想要和茱麗葉塔見面，達培丘特告訴他，想要見到茱麗葉塔，就必須斬斷與妻子的關係，同時遞給斯皮克赫一瓶毒藥。斯皮克赫雖然嘴上拒絕了他的提議，但不知道為什麼，手卻自己伸出去把毒藥收了下來。回到家裡，雖然他最後戰勝了毒死妻子的誘惑，但是當他心裡升起再見一次茱麗葉塔的念頭時，茱麗葉塔就突然出現在他身邊。斯皮克赫表示想和她一起生活，茱麗葉塔告訴他，那就必須去除障礙，要他簽署一份契約，同意把妻子交給達培丘特任意處置。就當斯皮克赫要簽字的時候，一個白色的人影進到房間裡來，大聲呼喊：「伊拉斯莫，你在做什麼！人總有一死，不要做這麼可怕的事！」斯皮克赫認出來那是妻子的聲音，把契約和筆扔在地上。茱麗葉塔的臉突然扭曲變形，身體像火焰一樣逐漸消失，房間裡響著烏鴉拍翅膀的聲音。

隔天早上，斯皮克赫去找他的妻子。妻子打從心裡，變成一位溫柔而善體人意的女性。她雖然十分同情斯皮克赫，但無論如何，一個鏡子裡照不出影像的人，必定會成為世人的笑柄，因此建議他出門旅行，向惡魔奪回自己的影像。於是斯皮克赫踏上了旅程，在途中認識了彼特．施萊米爾，兩人合作、互相幫忙，要找回施萊米爾的影子，以及他自己的鏡中影像，但是沒有成功。

這是霍夫曼《除夕夜冒險》的故事梗概。必須聲明的是，我們只敘述了綱要，完全表達不出霍夫曼特有的、現實與幻想交錯的詭異氣氛。話說回來，雖然有人將這篇小說視為「妖怪霍夫曼」這個怪人的非現實夢想故事，但我不認為如此。我覺得它描述的是人內在的現實，即使對現代人來說，也具有很大的意義。

經常有人指出，霍夫曼的作品具有雙重的結構，這篇小說也是如此。首先是「我與尤莉雅」的關係，然後是「斯皮克赫與茱麗葉塔」的關係，兩者重疊在一起。關於這一點，研究霍夫曼的專家吉田六郎說得非常好。14「霍夫曼為了呈現『焦點』，喜歡將作品做成雙重結構。這裡所說的『焦點』，舉例來說，就像相對於水面上的月影、高掛在天空的月亮本體吧！當我們正在注視、讚歎水面上的月影時，偶然回頭，發現月亮在天上閃耀著光芒。啊！原來那就是在水面映照出影像的本體啊——霍夫曼的作品，常常帶給讀者這樣的經驗。」

如前所述，這部作品的焦點在於兩對男女的關係，但是在它背後，其實是霍夫曼自己與尤莉雅·瑪爾克這位女性的戀愛經驗。霍夫曼三十五歲的時候，對他擔任音樂家教所教導的少女尤莉雅·瑪爾克，產生了熱烈的戀愛情感。但是，「對霍夫曼來說，尤莉雅是行走於地上的音樂精靈。在這句話裡，已經包含了無法融合的矛盾。這個矛盾可以用『既屬於這個世界，又不屬於這個世界』的二律背反來表示。換個方式說，那是肉眼看不到的音樂的精神，以及用人聲歌唱音樂的、現實中的女性，兩種相反事物的結合。」15這段抱持著強烈二律背反的戀情，因為尤莉雅與某個有錢人結婚，而迎向了悲劇的結局。我認為霍夫曼這種性格上的雙重性，同時來自父親那熱情的、詩的精神，以及母親理性的、散文的精神。事實上，他不但與生俱有音樂、小說、繪畫各方面的藝術天份，同時卻也擁有足以擔任高等法院法官的實務才能。再加上他對尤莉雅的愛情的雙重結構，並考慮他與妻子米卡俐娜——所有霍夫曼的傳記作者都稱讚她「柔順乖巧」——溫暖的婚姻生活，這個雙重結構就變得越來越多層了。

讓我們來分析一下，失去鏡中影像的男人——斯皮克赫——的故事結構吧！很明顯地，這部作品由「日常」與「非日常」兩個空間組成。用簡單的圖表來呈現的話，就是表1的樣子。斯皮克赫與妻子一起生活的德國城鎮是「日常」，相對地，斯皮克赫留下鏡中影像的、茱麗葉塔所在的義大利城鎮，則是「非日常」。弗里德里希與達培丘特這兩個男人的存在非常有趣：他們分別是引導斯皮克赫走向「日常」（斯皮克赫的妻子所在的世界）與「非日常」（茱麗葉塔所在的世界）的媒介者。弗里德里希努力地想要讓斯皮克赫逃離茱麗葉塔的誘惑，回到妻子的身邊；達培丘特則使盡各種手段，試圖撮合斯皮克赫與茱麗葉塔。達培丘特的手段越來越狡猾，逐漸脫離人性，給我們近乎惡魔的感覺。

表1

	日常	非日常
自我像	斯皮克赫	鏡中影像
男性像	弗里德里希	達培丘特
女性像	妻子	茱麗葉塔
場所	德國	義大利

我們可以從霍夫曼的日記得知，他自己曾經有過分身的經驗。在他愛上尤莉雅之前，曾經寫

14 原註：吉田六郎，同前引書。
15 原註：同前引書。

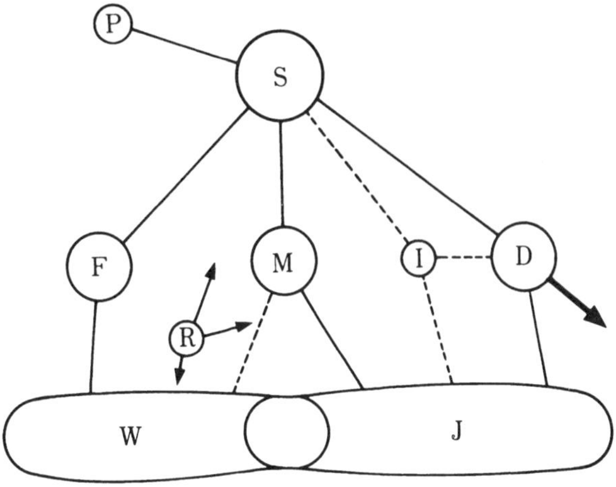

S：斯皮克赫。P：警察。F：弗里德里希。M：鏡中影像。I：義大利人。D：達培丘特。R：拉斯姆斯。W：妻子。J：茱麗葉塔。

圖 4

下這樣一段文字[16]：「這太放蕩了！我在六日的舞會上，有了一個奇怪的想法——把我的自我放在放大鏡下檢視——在我四周活動的所有身影，全部都是我。而這些傢伙的舉動，令我非常不愉快」。將所有在自己身旁活動的身影都看作是自己的分身，也等於將它們視為自己內在的反映。從這樣的觀點來看，霍夫曼另一本同樣以分身為主題的長篇小說《惡魔的靈藥》，一開頭所寫的、主角梅達爾杜斯的系譜，真的是饒富趣味；它甚至可以看作是人心結構的圖解。《惡魔的靈藥》內容過於複雜，因此在這裡暫且割愛，且讓我們將斯皮克赫的故事架構，以圖表的方式呈現（圖 4）。

在這裡，主角斯皮克赫顯然代表了當事者的自我。雖然一個人的影子可以覆蓋無限廣闊的範圍，但是當其中的某個面向被自我所掌握時，該面向就會化為具體的形象而顯現。斯皮克赫的影子的形象，除了他的鏡中影像（那正是影子本身）之外，還可舉出弗里德里希、達培丘特，以及被他殺死的義大利人。我們將弗里德里希也視為影子之一，說不定有人會覺得奇怪。不過仔細想想，斯皮克赫的妻子對他來說，是與日常性深深結合的阿尼瑪像，但光是與妻子的關係，並不能使斯皮克赫感到滿足。茱麗葉塔對斯皮克赫所具有的意義，就像尤莉雅．瑪爾克對霍夫曼一樣，是靈魂的形象。只不過這樣的靈魂的形象，幾乎完全覆蓋在陰影底下，我們很容易看出它導向的是毀滅的道路。但是，弗里德里希的態度，是對這種非日常性的全面否定；以這一點來說，他與達培丘特對日常世界的全盤否定，形成強烈的對比。斯皮克赫的自我，同時欲求兩者（譯案：指日常與非日常）。這兩者之間無可避免的分裂，引起了這樣的現象——與自我極為近似的鏡中影像（雖然也是影子的某種面向），與自我分離。

透過這樣的框架（譯案：圖4所顯示的框架），有些人會單純地將日常的世界分類為善、非日常的世界分類為惡。這樣的人或許會以為，斯皮克赫的問題，只不過是禁不住茱麗葉塔的美色誘惑而已。事實上這個面向確實存在，但是我們也可以說，這方面的意義是透過義大利人表現出來的，而斯皮克赫殺死了義大利人，正象徵他拒絕、否定了茱麗葉塔的美色。斯皮克赫殺死義大利人、急著要逃離現場的時候，達培丘特輕聲對他說了一句意義深長的耳語：「請趕快回去，回到妻子的身邊！」達培丘特告訴斯皮克赫，就算失去了鏡中影像，如果是夫人，應該不會在意。說完這句話他

16 原註：同前引書。

緊接著說：「因為夫人擁有的是你的肉體，而茱麗葉塔，始終只能擁有你那像模糊的夢一樣的分身而已」。這句話可以有各種不同的解釋，但我們或許可以將它理解為：妻子與斯皮克赫的肉體連結在一起，而茱麗葉塔所連結的，則是他的靈魂。也就是說，從非日常的世界來看，日常的世界是失去靈魂的、墮落的世界；而從日常世界來看，非日常的世界是走向毀滅的道路。我們總是想要迅速地分別善惡。而弗里德里希與達培丘特，都希望片面地否定另一方的世界；說他們同樣都是影子，應該是恰當的。

處在兩個世界的衝突之中，最容易的解決之道或許是妥協。就像斯皮克赫那樣，身體和妻子在一起，而把鏡中影像留在茱麗葉塔身邊，因此得以暫時過著和平的生活。但是有人不容許他這麼做。霍夫曼創造了一個漫畫般的角色，那就是威脅斯皮克赫必須「連同面貌酷似的鏡中影像，一起來警局報到」的警察。警察是我們日常倫理的體現。其實有一、兩個男人沒有影子，又有什麼關係？但是日常倫理不容許這樣的妥協。它以壓倒性的力量，逼迫所有的人都有同樣的行為。

破壞斯皮克赫和平的家庭生活的，是他的兒子拉斯姆斯。原本就像達培丘特所預言的一樣，斯皮克赫的妻子與沒有鏡中影像的丈夫相安無事，而告訴她丈夫沒有鏡中影像的，就是拉斯姆斯。小孩雖然有發現真相的力量，但是卻沒有能力預見，說出真相會帶來多麼可怕的後果。小孩自由地在穿梭在所有的世界之間。他的一句話就毀掉了整個家的和平，但那也只不過是必然會發生的事情而已。

彷彿受到小孩自由行動的邀約，非日常的世界突然就侵入了日常的世界。這時候達培丘特的形象變得巨大而廣闊，幾乎就像普遍的陰影。他與茱麗葉塔攜手合作，陰影與阿尼瑪都以未分化的狀態，逐漸逼近惡的樣貌。

在這非日常世界與日常世界的交錯之中，斯皮克赫做了一個合乎倫理的決定。他丟棄了從達培丘特那裡拿到的毒藥。斯皮克赫的行動，終於逼得茱麗葉塔現身在他的日常性的中心，也就是他的家庭。就在這千鈞一髮的時候，斯皮克赫的妻子出現了；因為妻子的出現，斯皮克赫終於下定決心，拒絕了茱麗葉塔。因為兩者直接的接觸（譯案：指妻子與茱麗葉塔），斯皮克赫的妻子從心底變成一位溫柔的女性。過去雖然她對於丈夫抱持極端否定的態度，但這時候斯皮克赫知道了，其實她本身也具有相當的非日常性。或者我們也可以說，他的妻子某種程度獲得了茱麗葉塔所具有的性質。

斯皮克赫與妻子恢復了原有的良好關係，但是他的鏡中影像仍然沒有回來。要取回自己的鏡中影像，茱麗葉塔與妻子這兩人所代表的阿尼瑪像，需要統合為一。在故事的結尾，斯皮克赫為了尋找鏡中影像而踏上旅途，卻遲遲沒有結果，或許正暗示這樣的統合是不可能的。

之前我們說過，在影子仍然是一個尚未分化（產生差異）的整體時——比如對原始部落的人來說——人們將影子等同於靈魂。不過就像霍夫曼的這個故事所顯示的，一旦無意識的世界開始產生分化，男性的靈魂意象是以女性的形象出現的。而在當事人與其靈魂意象之間，則存在某種男性意象；其有時候引導當事人走向自己的靈魂意象，有時候則扮演阻撓者的角色（如果當事人是女性的話，其靈魂意象是男性，介於他們中間的則是女性意象）。在這種分化過的意象中，榮格稱呼與當事人同性的意象為陰影，而異性的意象則稱呼為阿尼瑪（或阿尼姆斯）。分身現象包含了這分化之後種種意象的一部分、甚至全部，因此很難簡單地以概括的方式說明。但接下來我們要探討的雙重人格，作為一種陰影的問題，是很容易理解的。

二．雙重人格

與陰影同一化

分身現象，是當事人實際看到另一個自己的模樣，或是感覺到其存在。相對地有另一種現象，則是存在於自己內心的另一個自己，取代了原先的自己而行動。這種現象的極端情況，就是雙重人格——不同的兩個人格在同一個人身上交替出現，而且兩個人格之間，沒有連續的自我意識。舉例來說，威廉．詹姆斯（William James, 1842-1910）曾發表過一個著名的案例。一位名為安瑟．波恩（Ansel Bourne, 1826-1910）的牧師，有一天突然離家出走，從此斷絕了音訊。原來他轉變為完全不同的人格，自認為是名字叫做布朗的商店老闆。事情發生約兩個月後，他突然又從布朗變回原來的人格，發現自己竟然在做生意，嚇了一大跳，又回歸原來的牧師身分。在這個例子裡，波恩與布朗兩個人格在同一個人身上交替出現，而且兩個人格之間沒有連續的記憶，真的是很奇妙的現象。皮耶．真尼特（Pierre Janet, 1859-1847）指出，在雙重人格的案例中，像這樣兩個人格的記憶都不連續的情況，其實是非常罕見的。大部分的案例，都會有某一個人格知道另一個人格的存在，而且保有記憶的連續性。[17]

真尼特表示，雖然自古以來就有雙重人格的現象發生，但是它被當作心理學的研究對象，是十九世紀後半才開始的，而心理學家留下記錄、報告的案例，也不過一百餘件。[18]我們將在下一節詳細探討一些雙重人格的案例。但是在那之前，為了理解雙重人格的心理機制，我們有必要先思考一下類似的心理現象。舉例來說，即使是所謂的正常人，有時候也會突然改變說話與行動的方式，讓旁人感覺他（她）好像變了一個人似的；或者有時候我們做了某些事，卻無法感覺那是自己的所作所為。當然，這些都不是雙重人格的現象，但是我們可以在其背後的心理機制中，看到根本的共通之處。也就是說，當事人不覺得自己的行動是自己的所作所為，而且在旁人眼裡看來，也不像是當事人會做的事；這種時候，當事人的自我已經不是該行為的主體，而是強烈受到陰影的支配。

一旦這樣的現象超過正常的範圍，就會形成解離性失憶症、恍惚狀態或是夢遊等等症狀。比方以夢遊來說，當事人會在睡眠中起身，做出各種舉動，雖然在旁觀者眼裡，怎麼看都會覺得當事人是清醒的，但是隔天醒來後，他卻完全不記得自己做過的事。筆者曾經接受過關於一個青春期女孩子的諮商。深夜，她的父母在客廳喝茶，原本早就睡了的這個女孩卻跑過來，繞著父母身邊轉來轉

17　原註：Pierre Janet, *L'évolution psychologique de la personnalité*, 1929. 日文版標題是『人格の心理発達』，由関計夫翻譯，慶應通信出版，一九五五。

18　原註：同前引書。

去。就在父母開始感覺怪怪的時候，她又回到自己的臥房，砰！地倒在床上，立刻進入熟睡。因為這個狀況太常發生，這對父母感到擔心，跑來找我商量。我聽了他們家的狀況後才明白，原來這對父母養育小孩的方式，非常重視培養孩子的獨立性，到了極端的地步。他們和孩子之間完全沒有肌膚、肢體的接觸，而那對小孩的成長來說，是不可或缺的。這個孩子也認命地接受這樣的教育方式，在父母的眼裡，是一個無可挑剔的、獨立的好孩子，但那是她犧牲了自己對父母的依賴與對親密關係的渴望所換來的——雖然對這個年紀的孩子來說，適度的依賴與親密關係的需求，原本就是理所當然的。進入青春期這個重大的人格轉換期之後，過去長期受到壓抑的需求，以夢遊的型態浮上檯面，所以這位女孩會在睡夢中離開寢室，流連在父母身邊。當然，這個情況與這個女孩進入青春期後，與父母處於什麼樣的關係，以及她在無意識中開始對性產生興趣，或許也有所關聯。無論如何，我認為更大的影響來自她的陰影。白天的時候，這個女孩為了符合父母的期待而扮演「好孩子」的角色，而她的陰影的部分，則與她的夢遊有非常大的關係。幸運的是，這女孩的父母是理解力很強的人，經過我的說明，他們很快就理解了上述的狀況，改善了他們之間的親子關係，而女孩夢遊的情況也隨即消失。

這個案例並不能說是異常的情況。即使是「正常的」人，也會在青春期發生這樣的現象。透過這件事，他們不但改善了親子關係，女孩的人格也朝著更健全的方向發展。榮格在很早以前就指出，夢遊的現象經常發生在青春期；他並且主張，夢遊並不是單純的異常，而是帶有「目的性的意義」。[19]

而所謂的解離性恍惚，是指當事人在某段期間內的行為，雖然從外觀上看起來某種程度是普通而平常的，但事後當事人卻完全不記得。舉例來說，曾經有某位士兵擅自離開兵營，乘坐電車到避暑勝地，在海邊漫步徘徊。警察看他形跡可疑，上前盤查詢問。這位士兵雖然回過神來，卻完全失去那段期間的記憶，不曉得自己為什麼會在這個地方，又是怎麼來到這裡的。[20]他從離開部隊到抵達目的地之間，不論是買車票、轉車都沒有發生任何失誤，從外觀上看起來絲毫不覺得異常。這是解離性失憶症的特徵。這個案例中的士兵後來接受專科醫師的輔導，才知道那個海邊是他蜜月旅行時去過的地方。在痛苦的兵役期間，他經常想起那個海邊，在心裡將它描繪成安樂之地。

皮耶・真尼特針對這種意識分離的現象做了許多研究，以下是其中一個有趣的案例。[21]有一位三十三歲的男性，我們姑且稱他為「阿錫勒」。阿錫勒在出外旅行兩三天後回家，樣子變得很奇怪，連續笑了兩個小時，還說他去了地獄，見到了撒旦與魔鬼。之後他陷入典型的惡魔附身的狀態，讓擔任治療的真尼特束手無策。他想要以催眠的方式進行治療，卻無法催眠他。這時候真尼特想了一個計策：他問患者「你是誰？」，患者回答「我是惡魔」。接著真尼特請他做一件事，來證明自己是惡魔。真尼特說，現在阿錫勒並不想舉手，請惡魔用他的力量讓阿錫勒的手舉起來，於是患者把手舉了起來。真尼特更進一步，請惡魔用他的力量催眠阿錫勒。這一次也很成功，患者順利

19 原註：Jung, C. G., "On the Psychology and Pathology of So-called Occult Phenomena", in C. W. 1, Pantheon Books.
20 原註：Abse, D. W., "Hysteria", in Arieti, S. ed. *American Handbook of Psychiatry* vol. 1, Basic Books, Inc., 1959.
21 原註：Elenberger, H., *The Discovery of the Unconscious*, Basic Books, Inc., 1970.

進入催眠狀態。進入催眠狀態之後，對於真尼特所提出的問題，回答的是阿錫勒本人，而不再是惡魔，也因此真尼特得以知道阿錫勒在旅行中發生的事。原來阿錫勒在旅途中發生了外遇。他覺得對不起妻子，但事情做都做了，已經無法改變。於是他的心分裂成兩半，一半是覺得外遇沒什麼大不了的惡魔（也就是他的陰影），另一半則是感到後悔的普通人格，而旅行回家後的那段期間，他完全被陰影佔據了。真尼特了解了這些狀況後，向阿錫勒的妻子說明了事實的經過，讓阿錫勒向妻子道歉，他的症狀也跟著消失。有趣的是，這些症狀還持續在阿錫勒的夢中反覆了一段時期，幸好後來連在夢裡也不再發生了。

到這裡為止我們所敘述的案例，可以說是陰影凌駕了當事人的自我，也可以說是自我暫時與陰影同一化的現象。我們也可以說，原本在自我的力量下極度遭到壓抑的陰影，在自我力量衰退的時候突然開始行動。這種情況的特徵是，自我的結構並不會遭到破壞；當自我的力量恢復時，當事人又會回到完全正常的狀態。以阿錫勒的例子來說，雖然其症狀非常嚴重而戲劇化，但是在真尼特巧妙的計策下，原本的自我與陰影得以分離，在自我的力量增強之後，當事人出乎意料地，很簡單地痊癒了。不過我們必須聲明的是，另外還有許多疾病可能導致上述失憶或恍惚狀態的症狀，因此並非所有這一類的症狀，都可以用上述的方法來解釋或治療。比方癲癇或其他腦部的器質性障礙，都可能產生這樣的現象，因此只憑藉症狀本身做出非專業的判斷，是很危險的事。

一旦陰影暫時凌駕自我的現象更進一步擴大，陰影會開始作為一個人格主張自己的存在，自我與陰影交替出現，我們就必須將它視為雙重人格的現象。如前所述，雙重人格的現象至今約有一百餘例的記錄報告，但近來這樣的案例已經大大減少。或許雙重人格的症狀，已經無法讓現代人藉以逃離內心的矛盾衝突，也可能現代人已經找到其他的症狀來代替。日本發表過的雙重人格案例非常稀少。早一點的年代，中村古峽於大正六年發表的案例非常有趣，但因為筆者已經在其他地方為文論述[22]，這裡就不再重複。這次我想提出來討論的，是相較晚近發表的伊芙懷特與伊芙布萊克（Eve White and Eve Black）的案例。

伊芙懷特與伊芙布萊克

兩位美國精神科醫師西格平（Corbett H. Thigpen, 1919-1999）與克勒克雷（Hervey M. Cleckley, 1903-1984），於一九五七年發表了《伊芙的三種面貌》（*The Three Faces of Eve*）[23]。這是一個多重人格的案例：伊芙懷特是第一人格，後來出現的是第二人格伊芙布萊克，接著又出現以珍為名的第三人格。在伊芙懷特與伊芙布萊克相繼消失後，珍又轉變成第四人格的艾芙琳。美國以這件事為基礎製作了一部電影，而日本也有一部電視劇《稱為我的他人》（『私という他人』）改編自這個故事，因此有不少人知道這個案例。最後出現的第四人格艾芙琳・蘭卡斯特（Evelyn

22　原註：河合隼雄『コンプレックス』（『情結』）岩波書店　一九七一。此外，中村古峽的案例，收錄於中村古峽『変態心理の研究』，大同館書店，一九一九。

23　原註：セグペン、クレックレー、川口正吉訳『私という他人』（《稱為我的他人》）講談社　一九七三（原題は『イヴの三つの顔』《伊芙的三種面貌》）。

Lancaster）在治療者的建議下發表了她的手記[24]，這也是很有趣的文獻。接下來我將參照西格平與克勒克雷的報告，以及患者本人的手記來介紹這個病例，同時加上一些筆者個人的見解。

伊芙懷特第一次去找精神科醫師克勒克雷，是一九五一年七月、她二十五歲的時候。就診的理由是不明原因的頭痛。根據她本人的說明，那頭痛「就好像有一雙鋼鐵做的手，在扭轉、擠壓我的腦。一直擰、一直擰，液體狀的火滴滲透到身體裡面，把燒焦般的劇痛運送到全身。」她的頭痛應該是心因性的。一般人只要聽說是來自心理上的原因，大部分就會認為連頭痛本身都是當事人捏造的，但是我們從伊芙懷特自己的敘述就可以看出，實際上那對當事人來說有多麼痛苦。事實上在伊芙懷特第一次就診之前，她的第二人格伊芙布萊克已經偶爾會出現，只是她自己完全不知道第二人格的存在。她只是會聽到有一個「聲音」對她說話，而感到困擾。一九五〇年十月，她所懷的第二個小孩流產，因為流產而快要昏過去的時候，她聽到一個聲音說：「你這個大笨蛋！結什麼婚！為什麼一點判斷力都沒有……」嚇了一跳。在那之後她就持續為那「聲音」所擾。丈夫拉爾福只要稍微抱怨她一些什麼事，那個聲音就會在耳邊大聲響起：「往那傢伙的頭狠狠打下去！」有一次她抵抗不了那個「聲音」的力量，在丈夫拉爾福的手放在冰箱門框上的時候，用力把冰箱門關起來，夾住丈夫的手指。因為她實在太害怕這聲音會讓她變成瘋子，所以她只告訴克勒克雷博士她頭痛，隱瞞了有關聲音的事。

關於第一次見到她的印象，治療者這樣描述：「很嚴肅，舉止一板一眼。……她極度謹慎、缺乏活力，完全沒想要運用她美麗的容貌，以及內在潛藏的女性魅力」。而且，「她的謙卑讓我忍不住心想，就算只有一次也好，這個人的眼睛曾經閃耀過快樂的光芒嗎？就算只有一次也好，她講過笑話嗎？我甚至懷疑，這個人小時候曾經因為亂發脾氣而欺負別的小孩嗎？應該一次也沒有吧！」。這位「謹言慎行、謙卑謙遜、在某些地方近乎聖女」的伊芙懷特，她的第二人格伊芙布萊克，顯然是她的陰影人格化的結果。後來有一次在面談途中，伊芙布萊克突然出現，讓治療者大吃一驚。她的性格自私、虛榮，以自己為中心，而且非常喜歡玩耍，完全沒有責任感。

伊芙布萊克這個人格是怎麼形成的？不論是對當事人或是對醫生來說，都沒有定論。不過，他們倒是找到了成為契機的事件。伊芙懷特四歲的時候，非常喜歡表妹芙蘿的一個陶瓷娃娃。但是芙蘿完全不讓伊芙碰那個娃娃，連用手摸一下都不行。祖母看到哭泣的伊芙，為了安慰她，給了她一個缺了一角的杯子，但是這麼做反而使伊芙更傷心。午睡的時間，伊芙羨慕地看著芙蘿抱著娃娃，跟著因為想要入睡而閉上眼睛。這時候她感到全身一陣奇妙的顫抖，睜開眼睛一看，芙蘿的娃娃已經破成碎片、散了一地，芙蘿則在一旁抽搐大哭。伊芙被母親痛打，但是她努力辯解，那不是她做的。伊芙的確不記得自己做了什麼，但母親說，親眼看到她把芙蘿的娃娃踩得粉碎。

從那時候開始，伊芙布萊克時不時就會出現，在懷特不知情的時候惡作劇；懷特也因此經常為了自己不知道的事情受到責罵。懷特在十九歲時結婚，但是她有性冷感的症狀（性慾低下症）。雖然結婚兩年後生下一個女兒波妮，但是懷特的婚姻生活並不幸福。因為她的性冷感，使得丈夫拉爾

24　原註：ランカスター、川口正吉訳『私の中の不思議な他人』（《我體內的奇妙的他人》）読売新聞社　一九七四。

福對性生活感到不滿而有外遇；而且丈夫信奉天主教，懷特本人則是新教徒，這也造成他們的矛盾衝突。但奇妙的是，結婚之後的頭四年，伊芙布萊克從未出現。布萊克再次出現，是伊芙懷特流產的時候。稍早我們提到，在受到流產的打擊時，伊芙懷特聽到了「聲音」，那正是布萊克的聲音。關於為什麼那四年間布萊克「無法現身」，布萊克自己的說明非常耐人尋味。她說，當所有的事情都很順利的時候，懷特有足夠的能力將布萊克壓制在內部。雖然她的婚姻絕對談不上幸福，但或許那還在她的承受範圍內吧！可是流產的事件，讓布萊克得以現身。第四人格艾芙琳在她的手記中寫道：「如果伊芙布萊克沒有出現，伊芙懷特的婚姻或許就會那樣有氣無力地苟延殘喘，繼續走完那悲劇性又憂鬱的自然過程吧！」。她還說：「我知道伊芙懷特的存在，也了解她精神障礙的種子是多少年前埋下的。但我常想，如果沒有那一次的流產事件，或許她就可以充分壓制住伊芙布萊克。而如果她能成功打敗伊芙布萊克，恐怕珍與艾芙琳．蘭卡斯特都不會存在於這個世上。胎兒的死亡導致我的誕生，成為一連串情境中，決定性的一環。這是何等地諷刺！」。為了改變伊芙懷特苟延殘喘的婚姻生活，陰影的存在是必要的。而且，它甚至導向懷特的消失。艾芙琳自己描述的、死與生的關聯性是如此奇妙，深深打動我們的心。

話說回來，伊芙懷特最初是為了頭痛而去拜訪醫生的。有一天，從三家服裝店送來華麗的衣裳，但她自己完全不記得有買過這些衣服。三家店的人都說那是她前一天下午親自到店裡購買的，伊芙懷特聽了以後大吃一驚。她告訴治療者這件事，同時也吐露了她會聽到「聲音」的祕密。揭開這個祕密，具有重大的意義。當她說出這件事的時候，伊芙布萊克出現在治療者面前。治療者親眼看到患者在自己面前變身，感到非常錯愕，但是他和布萊克談話之後，確定那是雙重人格的現象。在那之後，醫生和懷特與布萊克交替會面，同時也告訴懷特關於布萊克的存在，並且將整個事情告訴懷特的丈夫與父母。一開始家人們不相信醫生說的話，但後來他們親眼看見當事人從懷特變身為布萊克的過程，除了驚訝之外也終於明白，為什麼過去伊芙懷特會有那些令他們難以理解的行為。

在那之後，為了避免對小孩造成不良的影響，懷特決定與丈夫分居。在這段獨居生活期間，伊芙布萊克經常出入夜店，以玩樂為前提與許多男性交往，造成懷特的困擾。有一件事值得注意：儘管布萊克那麼喜歡與男性玩樂，其實她也是性冷感。對於一個人心靈與身體的連結來說，性扮演了重要的功能；而懷特與布萊克雖然都能以獨立的人格行動，但她們在性的方面都是有障礙的。這件事具有深刻的意義。

治療者決定，在進行諮商的時候以公平的態度對待伊芙懷特與伊芙布萊克。但是在一九五二年十月十九日，治療者與懷特面談的時候，發生了驚人的事情——第三人格登場了。作為第三人格的珍在出現的時候，並沒有任何關於過去的記憶。但因為「不論是任何想法，一旦進入她這兩位精神上姐妹的心裡，珍都能全部吸收、保有，將它們變成自己的思考，就像一張吸油紙一樣」，治療者將過去發生的各種事情一件一件地告訴珍，促進她的成長。有趣的是這三個人之間的關係。首先，伊芙懷特與珍可以交替出現，伊芙懷特與布萊克也可以交替出現，但布萊克與珍完全無法互換。也就是說，「這兩個人的出現與退避，都必須以伊芙懷特為轉軸」。其次以記憶的連續性來說，最初布萊克的記憶是連續的，但懷特的記憶則欠缺連續性。換句話說，布萊克不但知道懷特的事，也記得懷特的行為，但是剛開始的時候，懷特不但連布萊克的存在都不知道，在布萊克活動的期間，也處於完全失憶的狀態。隨著治療的進行，兩人開始知道彼此，但她們都不知道珍的出現。珍完全知道她們兩人的存在，能夠與她們的意識共存，但反過來卻不行。有一段時間，治療者在沒有告訴懷特與布萊克的狀況下持續教育珍，但是那好像在暗中培養繼承人一樣，對他來說感覺並不好。於是有一天，治療者告訴懷特有關珍的存在。正當他們在談話的時候，懷特突然變成布萊克，質問醫生珍到底是誰，並且要他停止這種可疑的祕密交易。迫不得已，醫生告訴布萊克有關珍的存在。布萊克雖然很激動，但最後這麼說：「所以要不是我們所有的人都進瘋人院，就是有某個人支配全部——我們只有這兩個選項，對吧？這樣另外兩個人就等於死掉了沒兩樣。我有一個預感，留下來的將會是珍。我全身的骨頭都感覺到這一點」。布萊克預見了自己的命運。

三人之間這種奇妙的共存關係，維持了一段時間，但後來發生了決定性的事件。懷特因為討厭丈夫拉爾福而與他分居，而且雙方約定，分居期間拉爾福不可以去找她，也不可以要求她與他發生性關係。但是拉爾福破壞約定，還是來到妻子的住處，那時候出現的剛好是布萊克。出於好奇，兩人不但一起出去遊玩，還發生了性關係。之後布萊克看苗頭不對而隱身消失，換成懷特現身。懷特直覺察知發生了什麼事。這時候她「生平第一次感受到像冰一樣冷酷，即使殺人也在所不惜的憤怒」。因為這件事，她離婚的意志變得無比堅定，於一九五三年七月離婚了。

他們的離婚，是一個決定性的事件。從此兩位伊芙的活動力逐漸減弱。先前我們已經說過，布萊克知道珍的誕生後就預感到死亡，而懷特也開始想像自己的死。她開始每天晚上祈禱：「主啊！

請潔淨我，請讓我得到解脫」。至於伊芙布萊克，還是像過去一樣出入夜店。有一次又遇到一位意氣相投的男性。兩人一起喝了酒之後，開車去兜風。途中她告訴那位男性，自己就是那個有名的多重人格者（她的事情因為報紙的報導而變得出名），那位男性因為她的話而分心，發生了衝撞的事故。雖然布萊克只斷了兩根肋骨、沒有危及生命，但我們可以想像，這樣的行為背後或許存在著一股自殺的衝動吧！

一九五三年十月十八日，珍和女兒在娘家的院子裡玩投球接球的遊戲。球滾進簷廊底下，珍為了撿球也爬到簷廊底下。當她聞到泥土的霉臭味時，突然陷入一種感覺，好像自己又經歷過去某個致命的瞬間，而進入恍神的狀態。第二天接受諮商的時候，她向治療者報告了這件事。不可思議的是，那一天正好是珍誕生滿一年的第一個生日。治療師首先請伊芙懷特現身，對她施以催眠，暗示她現在是個小女孩，正在屋子的簷廊下玩耍。懷特正努力回想某個重要的記憶時，途中突然轉變為布萊克。布萊克用很認真的表情說，萬一自己發生什麼不幸，希望治療者能收下她的一件紅色的洋裝作為紀念。說完，她哽咽地哭了起來。在此之前布萊克從來沒有哭過，這是第一次。跟著她又轉回懷特。懷特哭喊著回想起小時候，在祖母的葬禮上，大人們強迫她親吻棺木中的死者，她是多麼地厭惡與抗拒。接著又回到珍。治療者慢慢地和珍談論了這些事。接下來當治療者再次呼喚懷特的時候，不論伊芙懷特或伊芙布萊克都沒有出現。珍表示她們兩人已經死去，再也不存在了，並且向治療者述說自己的悲傷與空虛。

值得注意的是，從這個地方開始，治療者的報告書與當事人的手記之間有不小的差異。在治療者的報告書裡，第四人格艾芙琳就在這時候出現，而且以相當經過美化的方式，描述艾芙琳的人格。但根據艾芙琳的手記，這時候存在的人格仍然是珍。在這個事件發生的兩個月之後，珍與交往了一段時間的男性蘭卡斯特結婚。但是，珍也和前兩者一樣是性冷感。而因為「虛榮心與令人窒息的佔有慾」，她的婚姻生活並不順利。終於珍試圖吞服安眠藥自殺。就在這個時候，新的第四人格艾芙琳誕生。在這裡也可以看到死亡與誕生的奇妙組合。直到艾芙琳出現，當事人的性冷感症狀才首次消失，艾芙琳的婚姻生活也因此很美滿。而且與珍不同的是，艾芙琳在誕生的時候就擁有前三個人格所有的記憶。而因為艾芙琳沒有告訴治療者上述的自殺事件，因此他的報告書裡並未記載。

這個充滿戲劇性的案例，故事就在這裡結束。伊芙布萊克很顯然是伊芙懷特的陰影的具體形象。在西格平與克勒克雷的書裡，以條列的方式呈現了兩者性格的對比。兩位作者對伊芙懷特的評價近乎聖女，但可以想像的是，她過於一面倒的片面性格，卻是其陰影如此戲劇化地形成另一人格的原因之一。要統合這兩者，歷經珍到艾芙琳的人格變化是必要的。但值得注意的是，在走到那一步之前，兩位「半份」人格的伊芙，在感情方面都有缺陷。而對於她們的人格統合來說，伊芙懷特對拉爾福的強烈憤怒，是不可忽視的契機；最後布萊克的哭泣，也令人印象深刻。在那之前懷特應該已經哭過無數次，而布萊克當然也經歷了憤怒的情感。在人格統合之前，這樣的情感交錯的現象，具有重要的意義。另外在報告書裡還記載了一件事：伊芙布萊克對尼龍材質過敏，會因為尼龍製的襪子而起蕁麻疹，但懷特則沒有這樣的反應。雙重人格的現象，甚至在身體、生理方面都能造成差異，讓我們強烈感覺它的不可思議；同時在身心相互關聯的問題上，也給予我們許多啟發。

三・夢中的分身

我們在上一節中，描述了分身與雙重人格等特異的現象。這些都是非常罕見的情形。讀者之中，恐怕沒有人有過這樣的經驗吧！不過即使是「普通人」，也會在夢中有類似的體驗。我們經常會在夢中看見自己的樣貌。自己明明是行動者，卻可以看到自己從懸崖上掉下來的樣子，或是看到自己遭人追捕而逃跑的模樣。這可以說是「自見幻覺」，也可以看作是一種分身的經驗。或者我們會在夢中做一些事，有的是自己醒著的時候連想都不敢想的壞事，有的則是自己想像不到的奇特行為。我們不得不說，這正是雙重人格的行為。在我們在夢中行動的，是與白天的自己完全不同的人格。

從這一點來思考，將產生一個問題——夢中的「我」具有什麼樣的意義？那是我，但又不是我。榮格曾多次指出，聖奧古斯丁（Saint Augustine, 354-430）為了提升自己的品格而不斷努力，但他夢中的內容，卻經常違背他的意志。最後聖奧古斯丁不得不以這樣的想法來安慰自己：即使是神，也不會因為人所做的夢而去追究他的責任吧！——的確，我們沒有必要為夢中的行為負責。話雖如此，但我們也無法斷言夢中的行為和我們完全沒有關係。夢中的我，為我們開示「我」的各種面向，而這些面向和我們清醒時自己意識到的「我」是不同的。它顯示出來的是潛在的自我，或是作為可能性的自我。

雖然夢中的我具備了這樣的多面性，但是在夢中仍然會清楚地發生分身的現象。那不只是像先前所說的、在夢中看見自己而已，而是更進一步的現象：在夢中自己遇見自己，或是夢裡有兩個自己的經驗。在這一個章節，我們將透過幾個例子來探討這樣的現象，但是在那之前，先讓我們稍微談談與分身現象有類似性質的、夢中的鏡中影像。

鏡中影像

鏡子這樣的東西，讓映照出來的影像與照鏡子的人或物可以同時存在，為我們提供了分身經驗的基本模型（prototype）。最近有關鏡子的各種言論（鏡論）蔚為流行，但筆者無意加入其中，在這裡僅打算讓我們來看看兩、三個有關出現在夢裡的鏡中影像的例子。自古以來各地的傳說中，經常可以看到魔鏡（德語：Zauberspiegel）這樣的東西。人們認為，魔鏡可以映照出照鏡子的人或物的真實面貌。夢中的鏡子，大部分具有這樣的功能。接下來為各位介紹的，是某位四十多歲的男性所做的夢。

> 夢：我看著鏡子。就像我平常照鏡子時常做的事一樣，我把上唇翻起來，觀察自己的牙齒。這時候我看到自己所有的牙齒都掉光了，嚇了一跳。

這位當事人雖然年過四十，卻一直覺得自己「還年輕」，所以當他看到自己牙齒掉光的樣子時，大吃一驚。其實這一類的夢很常見。有的人照鏡子的時候，看到自己的頭髮全部變成白色的；

有些女性看到鏡子裡的自己長了鬍鬚；還有人在夢中照鏡子，看到的卻是自己母親的臉孔。先前我們在有關分身現象的章節中，曾談到「負自見幻覺」（在鏡子裡看不到自己）的現象。那時候筆者說自己沒有遇到實際的案例，但確實有患者告訴我，做夢的時候鏡子可以映照出他的身體，卻看不到自己的臉。無論如何，這些映照出不同於現實影像的鏡子，某種意義來說，是在向做夢的人傳達某種真相。以上述的夢來說，它可能在告訴當事人，他已經不像自己想像的那麼年輕；或者告訴當事人，他已經沒有能力再一味地用強硬的態度欺壓別人。總而言之，夢中的鏡子以這種方式映照出隱藏的真相。接下來的這個夢，雖然不是關於當事人自己的影像，卻讓我們看到鏡中世界的不可思議。這是一位四十多歲女性的夢。

> 夢：那是個宴會的場合，眾多賓客聚集在鋪著地毯的豪華大廳。我也是受邀的客人之一。……那一家的女主人帶著一位年輕女性走出房外。那位年輕女性的肚子很大。我知道她是女主人的女兒。
>
> 年輕女性生了一個嬰兒。大家一起唱著聖誕歌曲，來歡迎、祝福那個嬰兒。……當天，那個嬰兒就被殺死了，從此不見蹤影。
>
> 夜裡，有一個小女孩走進一個房間。那是她的寢室。房間右邊的牆上掛著一面鏡子，鏡子的底部就放在地板上。那面鏡子高約一公尺、寬一．五公尺左右，表面看起來像鑽石的切割面。小女孩走到鏡子前面，鏡子裡也有一個小女孩向她走過來。兩人互相看著對方。兩個女孩

都還太小，還不會說話，但看起來她們似乎在心裡交談。小女孩走向她的床，鏡中的女孩也轉過身，朝相反方向走去，消失了身影。

我知道鏡中的女孩子，就是先前被殺害的女孩。這時只有我在這個房間裡。於是我去叫女主人，也就是年輕女性的母親過來。女主人與我一起來到這個房間。小女孩像先前一樣，走進房間裡來，朝著鏡子走去。鏡中的女孩也是一樣。女主人雖然看見鏡子，但是很平靜，認為那是外側的小女孩映照出來的影像。我說：「死去的那個女孩還活著」，女主人嚇了一跳。我不想引起騷動，就向外走出去。然後我告訴女主人，請她靜靜地調查。……以下省略。

事實上這個夢還有後續。女主人把女僕的領班叫來問話，才知道當時有一位女僕看到小女嬰即將被殺死，覺得很可憐，於是救了她，偷偷藏在鏡子裡撫養。這個夢令人印象深刻的是，我們以為的鏡中影像，其實是有生命的。在這裡我們可以看到——雖然是以潛在的型態顯示——死與重生的主題。被放入鏡中世界的小女孩的意象，讓我們聯想到下一章將會談到的，失自我感障礙症（Depersonalization，亦稱為「人格解體」）的症狀。在這個夢裡，小女孩的祖母（女主人）知道了真相以後，答應要讓小女孩恢復與外界的接觸。

我認為，這個夢裡雖然沒有出現做夢者本身的鏡中影像，卻以戲劇性的方式顯示，做夢者內心中透過小女孩所表達出來的部分（尚未發展的女性特質），將在這裡獲得新的生命力。出現在這個夢裡的人物全部都是女性，這一點也令人印象深刻。「女主人」與她的女兒「年輕女性」，還有這女兒的孩子，一共出現了三代的女性；我們也可以認為它反映出人內心中「意識、個人無意識、普遍無意識」的三層結構。做夢的當事人在夢裡並不是行為者，而是看到一切、知道一切的人。救了小女孩性命的是一位女僕，而解明真相的則是女僕的領班。像這樣當事人成為觀察者、而一切事件以戲劇化的方式進行的夢，經常與無意識的深層有所關聯。

夢中的分身

所謂夢中的分身經驗，指的是做夢的人很清楚地在夢中「遇見另一個自己」、「感覺到還有另一個自己」的經驗。據說這種夢中的分身經驗，在西洋是非常罕見的[25]，但筆者本身在從事精神分析的過程中，卻遇到過相當數量的案例。我認為，這或許和日本人心性的特徵有關。無論如何，接下來讓我們來看看幾個典型的例子。

接下來介紹的是一位二十二歲女性所做的夢。雖然從前已經在別的地方發表過[26]，但因為它是非常典型的例子，因此在這裡重複敘述一次。

夢：母親正在整理置物櫃上的東西。我在她身旁（雖然那是自己的家，但是和現實中自己

25　原註：Lesichner, von A., "Die autoskopischen Halluzinationen (Héautoskopie)," *Fortschritte der Neurologie Psychiatrie und Ihrer Grenzgebiete*, 29, 1961.

26　原註：拙著『コンプレックス』（《情結》）岩波書店。

的家不同）。母親突然倒下來而死去。我緊緊抓住母親哭泣，但奇怪的是，隔壁的房間有另一個我，正拿著掃把在掃地。

這位女性與母親相處得不好。她來找我諮商，就是為了改善她們之間的關係。除此之外她沒有任何症狀，是很普通的正常人。在持續面談的過程中，我們逐漸明白了一件事：雖然這位女性為了與母親永無休止的衝突而感到痛苦，但是她們的戰爭，是以母女間無意識的緊密結合為背景。就在開始認識到自己必須切斷與母親的這種結合、並且嘗試自立的時候，她做了這個夢。

有許多人在試圖自立的時候，會夢見父親或母親的死亡（有時候甚至是殺死父親或母親）。這不但顯示出，做夢的人內心裡雙親的形象正產生急遽的變化，同時也告訴我們，一個人在自立時必然會經歷的強烈情感衝擊，與父母死亡時的「離別的哀傷」是不相上下的。在這個夢裡，當事人因為母親突然死去而哀傷，但「另一個我」卻平靜地在打掃，好像終於解決了什麼問題似地。後者所顯示的態度，幾乎讓我們覺得是冷漠，但人若是要生存下去，這種冷漠的態度也是一種必要的要素。這位女性在夢中透過兩個「我」，同時體驗到兩個方向的情感。

接下來的這一位，是患有社交焦慮症的二十歲男性。剛認識的時候，他完全無法離開家門；在持續了一段長時間的心理分析後，他開始能夠稍微外出，也變得能夠做少許的工作。以下就是他在那個時候所做的夢。

夢：好像有一個戴著貝雷帽的年輕人，好像在跟我說話。不……好像不是這樣，那好像是我自己？我也搞不清楚，不過他和我並不是不同的兩個人，這一點應該沒有錯。那個年輕人，或者說是我自己，成功地獲得某個年輕女孩的青睞。那女孩是一位有點潔癖的護理師，雖然一開始拒絕，但最後終於放下心防，接受了他的親吻。

這個夢也是如此，做夢的人因為夢裡出現了「不知道是他還是我」的人而大吃一驚。而且他在說明這個夢的時候，用了「我的分身」這樣的說法。這個人的社交焦慮症非常嚴重；別說是親吻了，連和女孩子說話都沒辦法。然而在夢裡，另一個自己成功追求到一位年輕女性，最後甚至與她接吻。在這個夢裡，雖然「另一個我」的情感與行為與現在的自己都完全不同，但我們可以想像，這「另一個我」預告了當事人未來的可能性。事實上，這位當事人就朝著這樣的可能性，邁出了痊癒的步伐。

這個人還做了另一個十分有趣的夢，與我們先前所說的「鏡中影像」有關。這個夢裡雖然沒有出現「分身」，但是有類似的主題。

夢：搬到一個陌生的小鎮（好像是我自己一個人）。小鎮的理髮店裡，有幾個住在鎮上的男人。那些人坐在椅子上閒聊。我想要盡早讓鎮上的人接納我，想要快點融入他們——因為這個念頭，我把「臉部變裝」成他們應該會喜歡？的樣子，走到這些男人面前（為了讓他們看到我）。但是在那時候，我看到鏡子裡映照出來自己的臉孔嚇了一跳，「啊！」地叫出聲來，急急忙忙轉頭回家（是因為發現自己換了臉而嚇到？還是原本自以為換了一張能討大家歡心的臉，一旦真的站到那些人面前，看到自己的臉，才覺得這樣的臉根本不可能有人會喜歡，所以慌慌張張地回頭就走？那些男人們看著我的時候，表情很怪……）。我又重新換了另一張臉，又來到理髮店，但結果還是跟剛剛一樣。同樣的事我一再重複做了好幾次……（有一次還戴了一副小丑的面具）。每次只要覺得有什麼困擾，我就無止境地變臉下去。但我明明知道，這樣令人眼花撩亂的「臉部變裝」，反而會讓人家覺得奇怪……（快醒過來的時候突然想到，我在接受心理分析的時候，難道不就是一再對分析師重複這樣的事？想到這裡，心情不由得黯淡了下去！）

這雖然不是分身的夢，但是就「看到鏡子裡映照出自己的各種模樣」這一點來說，和我們在這裡探討的主題有關。對人恐懼症的患者們，「想要被人接受、喜愛」的想法非常強烈，這個傾向在這個夢裡表達得非常清楚。這個夢的當事人，雖然因為太想要受人喜愛而進行「臉部變裝」，但是從鏡子裡看到的真相，讓自己明白那是多麼愚蠢的事。焦急的他不斷重複變臉，但是都不成功。在這種怎麼也不順利的狀況下，他會經常感到社交焦慮也是理所當然的。夢境結束的時候，他想到了一件重要的事——自己是不是也不斷對治療師重複做同樣的事？在這裡，理髮店與心理治療師的聯想也饒富趣味。心理治療師以人格的變化作為他們職業的課題，而理髮師則以髮型的改變為職業；

從象徵的意義來說，他們有很高的類似性。正因為如此，理容與美容的場面經常出現在我們的夢裡，象徵了人格變化的問題。而且，事實上，許多理髮店的確扮演了心理治療的角色。理髮店裡所發生的對話，經常就是一種心理諮商。有關小丑與心理治療師的關聯，我們將在第四章探討；但現在至少可以說的是，有時候「理髮師—小丑—心理治療師」之間的關係，出乎我們意料地緊密。

希望藉著心理治療來改變自己的人，必須具有對治療師暴露自己弱點的勇氣。換句話說，如果不能面對自己的弱點，是不可能改變自己的人格的。這位社交焦慮症的患者，發現自己為了討治療師歡心而隱藏自己的真實樣貌時，不禁愕然。但是這樣的行為模式，正是造成對人恐懼症的主要心理原因之一，當事人在這裡察覺到這一點，是非常重要的事。實際上，這樣的人連自己該頂著什麼樣的髮型走進理髮店，都會煩惱不已。人要是想得這麼多，連要走在街上都沒辦法。無論如何，總之就以原來的樣子走進理髮店，把要剪什麼髮型的事，全權交給理髮師決定——對他們來說，這是件很困難的事。《塞爾維亞的理髮師》這部戲劇中的費加洛，就精彩地呈現了這樣的形象。

我們好像有點偏離主題了。接下來讓我們繼續看幾個有關分身現象的夢。這是一位二十幾歲年輕女性所做的夢。夢的前半，這女孩在舊書店一邊看書一邊手淫，被幾個同班的男同學撞見了。這件事在同學間傳開來，並且持續成為話題。她雖然覺得人家怎麼說她都無所謂，終究還是有點在意。這時候「出現了那個女孩子（她就是我）。那女孩輕鬆地把這個傳言當作笑話來講。我心想，真是個了不起的人啊！」——是這樣的一個夢。

出現在這裡的「那個女孩子」雖然和自己樣貌不同，但當事人覺得那就是「我」。在各種分身經驗中，有時候當事人看到的是與自己相貌完全一樣的人，有時候雖然看到的人與自己相貌不同，但直覺認為那就是「我」，而這個夢屬於後者。話說回來，就像夢的前半部所反映出的，做這個夢的人有一種強烈的傾向，討厭日常的、符合常識的生活方式。她對於一般所謂女性該有的生活方式與穿著，感到厭惡。但是，出現在夢裡的「那個女孩子」——也就是她自己——留著長髮，完全就是一般認可的女孩子的樣子。而這裡所出現的「另一個我」，很顯然也描繪出另一面的可能性。有趣的是，對於那些受到日常性束縛的人，夢經常為他們開示脫離日常的生活方式，讓他們大感驚訝；而對於那些抱持非日常的生活態度的人，夢卻為他們描繪、讓他們看到符合日常規範的自己。在這個夢裡，容貌的不同——「那個女孩子」的樣子就像個普通的女孩——非常重要。即使容貌不同，但那仍然是「我」——或許對當事人來說，這樣的體驗是必要的吧！

接下來要為讀者們介紹另一個分身經驗的夢。和我們之前看過的例子比起來，這個夢給我們非常不同的感受。

夢：狀況、地點、所進行的對話都很模糊。但有一件事很清楚，那就是有兩個我存在。我不知道那是在學校還是醫院。有一個年輕人在大聲喊叫。這個年輕人總是反對我，和我爭執不休。還有另一個年輕人，這個人不會反抗我。雖然這兩個人都是我，但他們之中讓我覺得「這個人是我自己」的，是性格比較弱的那一個。這時候我醒過來，床邊躺著另一個我；這個強勢的男人想要和我合為一體，跑過來和我糾纏。我為了將兩個人統合起來，試著和他對話（這時候夢境開始變得曖昧不明）。兩個我都坐在椅子上，一個年輕女性摸著其中一個，說：「你好強壯呢！」。跟著她又撫摸另外一個，說：「你很結實喔！」。就在這個時候，兩個男人逐漸融合在一起；而就在我看著那個女人也和他們合為一體的時候，他們三個一起融入我的胸口，發出「啪沙！」的聲音，我醒了過來。

這位當事人在敘述這個夢之前，先告訴我他「做了一個非常怪異的夢」。的確，這是個奇妙的夢。做這個夢的人，是位二十幾歲的思覺失調症（schizophrenia，舊譯「精神分裂症」）患者。這不是單純的分身經驗。當事人不但夢見自己分成三個人，其中甚至還有女性，可以說相當複雜。我們可以認為，相反要素（強者與弱者）的統合是這個夢的主題之一，但是夢的整體強烈給人偏倚的感覺，可以預想這個人的人格統合，將非常困難。

關於分身的夢，我們一共舉出了四個例子。就像一開始所講的，這一類的夢有很多案例，報告者包括所謂的正常人、精神官能症與思覺失調症患者，可見做這樣的夢，與疾病沒有關係。此外，分身經驗的型態與當事人的描述方式，也有各種細微的差異，比方「另一個自己」、「他是我嗎？」、「她就是我」、「我很確定有兩個我」等等。這裡雖然只舉出四個例子，但我們已經可以看出，作為分身的自己，能為我們顯示出自我的潛在面向與可能性，或者呈現自己過去的樣貌，也可能是自己行為的觀察者。萊許納（A. von Leischner）曾舉出一個例子，某位患者做了一個分身的夢，並且認為那是自己死亡的前兆。[27]不論在日本或在歐洲，都可見到將分身現象視為死亡前兆的想法；這或許是因為分身的夢預告了自我意象的急劇改變，而死亡正是急劇變化的象徵性表現。

雖然即使對日本人來說，分身的夢也是罕見的，但比起西方人，發生的頻率還是高出許多。我認為，這個事實或許反映出日本人的自我的特性。雖然這一點無法簡單地以統計的方式來比較，仍然停留在試論的階段，但我還是想提出假設性的結論。以本節一開始所介紹的夢為例，因為母親的死而傷痛、以及因為母親的死而感到解脫，這兩種情感在一般情況下是難以並存的。當自我接受了前者，後者的情感將成為一種陰影（影子），兩者之間將發生矛盾衝突。這時候如果承認兩者都是自己的情感、試圖同時面對，自我必然會產生分裂。但我認為這種「就算自我因此分崩離析，也要讓互相矛盾的情感並存（這個夢的特徵就是如此）」的態度，正是日本典型的生存方式。一般人都認為，自我的單一性是不證自明的道理；除了意識障礙的患者，沒有人會懷疑自我的單一性。但是日本人的自我，原本就具有潛在的多重性。

若要做出如此的斷言，就必須援用榮格所說的「自性」（Self）的概念（請參照第一章〈心的結構〉一節）。日本人比西方人更重視自性的存在，因此日本人作為意識中心的自我，其存在的統合性比西方人薄弱，有時候甚至允許自我的分裂。只不過這麼說的前提是，日本人分裂的自我統合在自性之下（雖然我們不容易意識到自性的存在）。以先前的例子來說，當事人直覺到不論是因為母親的死而哀傷、或是因為母親的死而感到解脫，這兩種情感都能統合在某種無法以言語表達的中心之下，同時並存而沒有矛盾。雖然，要是從「自我是意識的中心，自我的單一性不證自明」的邏輯來看，日本人的這種想法，除了是一種意識障礙之外，不會有別的。

雖然我在這裡大膽發表，但上述的看法終究只是試論。今後我將累積更多的實例，更深入思考這個問題。

27 原註：Leischner, ibid.

第三章

陰影的世界

當我們以天與地、晝與夜、光與暗等等二分法的概念來思考這個世界時，陰影的世界當然會被歸類於後者。那是黑暗的世界；在漆黑的夜裡，人們什麼也看不到。有時候，它也會被描述為地底的世界。原始時代的人們，在黑夜中因為恐懼而顫抖；與陽光普照的白晝不同，黑夜裡充滿了不可預測的危險。發明夜間照明的方法，為人類的文明帶來劃時代的改變，但即使是現代人，也並未完全脫離對夜晚的恐懼。事實上就算是現代，有許多邪惡的勾當是在夜間進行的。或許那是因為夜晚的黑暗，讓我們內在的影子的世界更容易活動吧！影子的世界原本是肉眼難以看見的。儘管如此，讓我們進入黑暗中探索。

一．黑暗

夜與暗

就像夜襲、黑市、暗中交易等詞語所顯示的，夜晚的黑暗與人的陰影的部分有很深的關聯。黑暗象徵著邪惡的溫床，也意味著邪惡破壞所造成的「無」，因此總是引起人的恐懼。人在黑暗中，什麼也看不見。沒有什麼比「不明物體」與「空無一物」，更讓人害怕、不安。在黑暗所帶來的「無」之中，人感覺自己的全部存在都受到威脅。

一位憂鬱症患者，做了以下的夢：「我因為害怕而醒來，卻發現自己還在做夢。我更覺得害怕而睜開眼睛，卻發現自己還在另一個夢裡。」這個夢的可怕之處，就在於它是永遠醒不過來的夢，是永遠不會天亮的夜晚。黑夜雖然可怕，但我們知道它總有結束的時候。我們知道只要忍耐一下，就可以看到升起的太陽。但就像這位憂鬱症患者的夢所顯示的，如果有一種夜晚是永遠等不到天亮的，那麼黑暗的恐怖就成為絕對。艾利．魏瑟爾（Eliezer "Elie" Wiesel, 1928-2016）是猶太大屠殺的倖存者，曾被納粹關押在集中營。他所描寫的「夜」，就像永遠迎不到早晨的黑暗，籠罩在我們面前。[1]這樣的黑夜不是發生在人類原始的時代，而是存在於今日的二十世紀，令我們不寒而慄。

艾利．魏瑟爾是小時候居住在匈牙利的猶太人（譯案：其出生地今屬於羅馬尼亞）。十二歲就以聖堂守護者莫舍（Moishe the Beadle）為師，開始學習卡巴拉（Kabbalah）的教義，努力追求信仰。然而在納粹德國的壓力下，當局對猶太人的壓迫逐漸升高。首當其衝的是來自外國的猶太人，其恩師莫舍因此被驅逐出境。幾個月後莫舍回來了。他告訴大家，當時和他一起被抓走的猶太人們如何遭到蓋世太保殘殺，而自己又是怎麼歷經九死一生逃回來的。但是沒有任何一個人把他的話當真。他苦苦哀求：「各位猶太同胞，請聽我說。我懇求你們的，就只有這件事。我不要錢，也不渴望同情，只求大家認真聽我說的話。」但儘管他聲嘶力竭地傾訴，人們只是覺得他精神失常而已。

德軍的部隊終於也入侵匈牙利了。猶太人們雖然一開始感覺不安，但是看到德軍紀律嚴明的樣

1 原註：Elie Wiesel, *Night*, 1960. 日文版『夜』由村上光彥翻譯，みすず書房出版，一九六七。中文版《夜》由陳蓁美翻譯，左岸文化出版，二〇〇六年。

子，又開始了樂天的想法。即使他們終於被德軍送進集中營，還是沒有放棄樂觀的態度。他們甚至幻想，到戰爭結束之前，可以在集中營裡建立小小的猶太共和國。但是有一天，德軍命令他們丟棄所有一切的物品，強制他們移動。德軍把他們緊緊塞在密閉的貨車廂，用火車運送他們。這時候，一位婦人產生了幻覺。

「有火！我看到火了！」

「各位猶太人，請聽我說。我看到火了！好大的火焰！燃燒得多麼熾烈！」

就像俗話「黑夜明燈」所說的，在黑漆漆的夜晚看到的燈火，能夠帶給旅人勇氣。但是，這位猶太婦人看到的卻不是這樣的火。在密閉貨車廂的黑暗世界中，她看到的不是帶來光明的火，而是增加黑暗苦惱的地獄之火。就像這樣，火具有明顯的雙面性格。事實上，艾利．魏瑟爾到達奧許維茲之後所看到的火，讓黑暗更為黑暗。在冷酷納粹的「揀選」下，他被迫觀看自己的母親與妹妹被丟進焚化爐所燃起的火焰。他抵達集中營的第一天，就看到許多人被扔進焚化爐，煙囪升起了黑煙。日後，他以這樣的文字記述當時的經驗。

「那夜，將我的人生變成用七道門閂封住的漫漫長夜。我永遠忘不了在集中營的第一個夜晚所發生的事。我永遠忘不了那一道煙。我永遠忘不了，那個將我的『信仰』永遠燒成灰燼的火焰。那個夜晚的寂靜，我永遠也忘不了。」

艾利．魏瑟爾所經歷的「夜」，未免太過殘酷可怕。那是「用七道門閂封住的漫漫長夜」，燃燒著地獄的烈焰。介紹我認識艾利．魏瑟爾的《夜》這本書的，是一位前來諮商的客戶。這個人或許是想要藉著這本書，告訴我人內心深處所存在的黑暗的夜吧！面對這樣的暗夜，我們無法言語，只能茫然呆立。

這個故事帶給我們強烈感受的，還有一件事——那就是，沒有一個人接受聖堂守護者莫舍的警告。莫舍所說的既不是捏造的謊言，也不是他的想像。他講述的是親身體驗的真實。他懇求猶太人們聽他訴說。「我不要錢，也不渴望同情，只求大家認真聽我說的話。」但是他近乎哭喊的聲音，沒有進到任何人的耳朵裡。為什麼會這樣？因為他所描述的殘忍，是人們無法想像的；而人們總是確信，自己想像不到的事物是不存在的。但莫舍所說的是事實。無論人們如何試圖否定它的存在，人類內心深處的普遍陰影總是會突然現身，抓住我們、凌虐我們、對我們施以暴力。要明確地看到人類的心中存在著普遍的陰影，是一件很難的事；要看到自己的心中就存在著這樣的陰影，更是困難。

那段時間，魏瑟爾一直在父親身旁。在密閉的貨車車廂裡，經歷納粹冷酷的「揀選」時，以及後來的集中營生活中，父子總是在一起。書中隨處可見的父子深情，深深打動我們的心。但是，父親終於病倒了。少年艾利盡一切力量想要救父親，但徒勞無功。最後，當父親因為想喝水而呼喚艾利的名字時，親衛隊員以棍棒給予父親猛烈的一擊。恐懼讓少年艾利的身體動彈不得；父親呼喚自己的名字時，也無法回答。而父親就這麼死去了。

「我沒有流眼淚。而流不出眼淚這件事，讓我非常痛苦。我已經沒有眼淚了。不僅如此，如果當時我回頭鑽進自己原本就軟弱不堪的良心底部，或許就會發現自己內在的深處，有什麼東西在喊叫著——我終於自由了！……」

這位少年暴露在來自外界陰影無止境的暴力之下，卻仍然有足夠的力量，辨認出自己內在的陰影。儘管如此，最後的一句話就像刺進我們胸口的一把利刃，讓我們自覺陰影的存在，讓我們不寒而慄。艾利・魏瑟爾所敘述的「夜」的體驗，以堪稱絕對的重量，向我們迎面撲來。相較之下，我們自己的經驗或許微不足道，但至少讓我們不要忘記，這池我們半步也不願踏進去的深淵，就存在我們的心中。

黑的象徵

黑暗這兩個字的意義，在魏瑟爾的《夜》中表露無遺。自古以來，黑一直是象徵不吉的顏色。舉例來說，黑與白經常被拿來對照使用；白表示善，黑表示惡。日常生活中，我們用黑或白來形容一個人有罪或無罪。全世界無數的民間故事與傳說，也經常用白與黑，來代表善與惡的對立。比如中國民間故事中的「白龍與黑龍」，或是格林童話裡的「白新娘與黑新娘」等等。從「黑白分明」這樣的說法可以看出，對一般人來說，黑與白的對比以及它們的意義，是清楚明確的。但是，象徵性的問題實際上並非如此單純明快。舉例來說，榮格在〈童話精神現象學〉（"The Phenomenology of the Spirit in Fairytales"）中提到的這個夢，雖然也包含了黑與白的對比，但是問題沒有那麼簡單。這是榮格所描述的夢[2]：

我站在一位高貴的僧侶面前。這個人雖然被稱為「白祭司」，卻穿著黑色的長袍。這位祭司剛好要結束漫長的講話，最後他說：「因此，我們需要黑祭司的幫忙」。這時候門突然打開，另一位老人、穿著白衣服的「黑祭司」走了進來。這個人看起來也非常高貴。黑祭司顯然有話想跟白祭司說，但因為看到我在場而遲疑。白祭司見到這情況，指著我說：「他是無罪之人。有什麼話，請說無妨」。於是黑祭司開始敘述一件不可思議的事——他如何發現了天國遺失的鑰匙，卻不知道鑰匙的用法；他來找白祭司，就是為了請白祭司解開鑰匙的祕密。以下是黑祭司所講述的事。他所居住的國家的國王，四處尋找適合自己的墓石。國王的傭人偶然發掘了一個古老的石棺，裡面放著一具少女的屍體。國王打開了石棺，將屍體丟棄，再次將石棺埋入地下以備將來使用。但是，少女的屍骨一曝曬到陽光，立刻變成一匹黑馬向荒野逃去。黑

2　原註：ユング　西丸四方訳「お伽噺の精神の現象学」『ユング著作集5』日本教文社　一九五六。

祭司為了追逐那匹馬而穿越荒野，在發生許多事件、遭遇許多困難之後，發現了天國遺失的鑰匙。黑祭司講的話到此為止，可惜的是，夢也在這裡結束。

這個像民間故事一樣的夢，非常有趣。不過如果我們只把焦點放在「黑與白」這一點，可以看到這個夢的特徵，就在於兩位祭司各自的名字與衣服的顏色正好交錯，無法簡單地「辨別黑白」。不但如此，要分出兩位祭司的善惡也很困難。這個夢似乎在告訴我們，不只黑與白難以區分，善與惡也微妙地交雜在一起。榮格說，這個夢顯示出道德評價的不確實性，以及善與惡之間複雜的相互作用。

我認為黑色的象徵性，之所以出乎意料地複雜，是因為我們賦予它雙面的意義。薩斯－迪內曼（Theodore Thass-Thienemann, 1890-?）指出，在拉丁語中有兩個字表示黑色，分別是 ater 與 niger。[3]前者純粹是沒有光線的黑，後者則是發出黑色光芒的黑。ater 是火焰燒盡之後的黑，通往空無；niger 則是熊熊燃起的黑，其中反而潛藏著嶄新存在的可能性。這樣想的話，白也相對地有兩個種類：發出光芒的白與無光的白，兩者與黑的性質相通。於是出乎意料地，作為象徵，黑與白甚至有相同的意義。迪內曼表示，black（黑）這個字與它衍生出來的 bleak（荒涼），以及 blank（空白）與 bleach（漂白）的發音是類似的。他還指出，火焰燃燒的時候，發出的光亮看起來是白色的，但它的煙與灰燼卻是黑色的；這個事實，也是我們將白與黑等同視之的理由之一。

谷川俊太郎（1931-）以詩人的眼光，準確地看透白與黑的微妙關係，寫下了〈有關灰色之我見〉一文。[4]雖然我很想引用它的全文，但限於篇幅，這裡僅介紹其中一部分。

「不論再怎麼潔白的白，也不是真正的白。在沒有任何一點陰影的白之中，也隱藏著眼睛看不到的、微少的黑，白的結構本是如此。白不但不與黑為敵，而且正因為它是白，所以產生黑、孕育黑。從它誕生的那一刻開始，白已經逐步走向黑。」

從白到黑，是一個漫長的過程。而且

「白的死亡，只是一瞬間的事。白在那一瞬煙消霧散、不留一絲形跡，全黑跟著出現」。「然而——」詩人繼續：「不論再怎麼漆黑的黑，也不是真正的黑」。而且「從它誕生的那一刻開始，黑已經逐步走向白……。」

逐步走向白的黑並不是空無，而是密藏著可能性。榮格將這樣的黑，與鍊金術中「黑化」（nigredo）的狀態對照。[5]鍊金術原本是為了將其他物質轉變成黃金而發展出來的技術，但榮格發

3 原註：Thass-Thienemann, T., *Symbolic Behavior*, Washington Square Press, Inc., 1968.

4 原註：谷川俊太郎『定義』思潮社 一九七五。

5 原註：Jung, C. G., *Psychology and Alchemy*, C. W. 12, Pantheon Books, 1953.

現，如果將文獻所記載的鍊金術過程，視為人格發展過程的投射，能給予我們許多豐富的啟示。鍊金術過程中，最初狀態的「黑化」是黑色的，再從黑色逐步變化為白、黃、紅。黑化是發展過程的起點，它是未經提鍊的素材原本的狀態，其中包含了可能性。

正因為黑具有這樣的意義，在患者們接受心理分析初期所做的夢之中，黑色經常帶有很高的象徵性，也是理所當然的事。接下來介紹的是一位二十幾歲的獨身女性所做的夢。她因為陷入憂鬱的狀態而前來諮商、接受分析，但經過數次的面談後，突然中止。後來她整理了自己的想法，決定再開始接受治療的時候，做了以下的夢：

夢：當時我正走在路上。突然一位韓國女性從身後追趕上來，跟我說：「我不想再惡作劇下去了」，遞給我一包用報紙裹起來的東西。那個小包裹從我手上掉落，從裡面跑出五條黑蛇。

雖然突然出現的五條黑蛇讓她嚇了一跳，但就是這些黑蛇，具有黑化的特性。我首先問她，帶著這些黑蛇、突然出現在她眼前的女性，外表看起來是什麼樣子？她告訴我，那位女性的年紀大約四十歲左右，不過臉孔像是個少年，還戴著一副眼鏡。她還補充了一句她自己的聯想：戴著眼鏡的女性大多是知識分子。夢中出現的這位女性，很顯然是做夢者的陰影。第一章曾經談到，我們經常將自己的陰影投射在他人身上；而有許多日本人，將他們的陰影投射為韓國人。這些人懷有毫無根據的優越感，確信韓國人比他們劣等。歐美的情形也是如此——許多人的陰影，在他們的夢裡顯現為黑人。回到我們的案例——在這位當事人的夢裡，她的陰影擁有四十歲的智慧，以及未成熟的心性，一直帶著五條蛇到處嚇人。那張拿來包裹蛇的報紙，代表了社會上一般的意見。這位做夢者喜歡批判他人，經常借用報紙的意見來當作武器。事實上她常常因為從知識的角度嚴厲批判他人，而導致人際關係惡化。

話說回來，這裡出現的五條蛇代表了什麼樣的意義？蛇所象徵的意義是廣泛而多重的，首先浮現我們念頭的是《舊約聖經》裡的蛇。爬行在地面的蛇所扮演的角色，可以看作是天神的陰影。蛇帶給人們與大地緊緊相連的智慧。對人類來說，那是必要的智慧，即使必須因此被逐出樂園。對這位做夢者來說，也是如此；或許她無論如何都必須經歷，與土地結合的智慧從一般性意見（由報紙所象徵的）底層浮現的過程。依附於土地的蛇，與母性有深刻的關聯，但同時它的外型又象徵了男性的特質。從層層包裹的報紙中鑽出的蛇，正提供了男性性器的意象，可以看作是做夢者非常原始的阿尼姆斯形象。榮格經常強調蛇所象徵的變化性，以及（說得更直接一點）重生的力量。[6] 世界有許多地方，都傾向於將蛇視為重生與回春的象徵；這樣的觀念或許是來自蛇脫皮的習性。

我在第一章的時候曾經說過，我們最初所體驗到的陰影，是無意識的整體。但是當無意識的整體逐漸分化，我們開始可以在其中辨認出種種原型的意象。在這個夢裡，陰影的意象明確地顯現為

6 原註：Jung, C. G., ibid.

《惡夢》 瑞士畫家亨利希．菲斯利所繪。怪物正要侵害睡眠中的女性。陰影的世界會在我們睡著的時候打開，化為夢境而顯現。有時候夢的感覺過於逼真，甚至會真的危害我們。

約翰．亨利希．菲斯利（Johann Heinrich Füssli, 1741-1825），**《惡夢》**
18 世紀，歌德之家所藏，法蘭克福。

韓國人女性，同時尚未分化的阿妮姆斯也以蛇這個原始的形象顯現。夢裡的蛇是黑色的，代表這個阿尼姆斯正處於起點，今後它將經過死與重生的變化過程，而逐漸發展。以這個意義來說，這個夢清楚地反映出，發生在心理分析初期的「黑化」（nigredo）的特徵。事實上這位女性，後來真的走向這個夢所預示的道路。

相對於白色表示清潔，黑色也經常讓人聯想到髒污，而帶有否定的意義。[7] 就像在民間故事中常常可以看到與髒污具有同等意義的糞便轉變為黃金，象徵著「從最低等的事物中產生最高級的事物」，黑色有時候也會被用來表示為了發展所需的不潔。接下來的例子，是一位受測者對 TAT（Thematic Apperception Test，主題統覺測驗）圖片的反應。TAT 是一種人格測驗的方式。測驗者讓受測者觀看一連串的圖片，並且憑藉其自身的感覺，描述圖片中的情境；測驗者再根據受測者所想像、所敘述的內容，找出其人格特性。在眾多圖片之中，第十六張圖是完全空白的；受測者必須一面看著沒有任何圖案的白紙，憑空想像一個故事。

以下介紹的這個故事，是某位男性大學生編撰的。這位學生是沒有任何問題的正常人。

「啊！這是什麼？這是背面吧？要我看著這張白紙，編一個故事嗎？……有一位年輕的天才畫家，得到一個靈感。就在他攤開新畫布要開始作畫的時候，來了一通電話，把他叫了出

7 原註：Thass-Thienemann, T., ibid.

去；沒想到一出家門，他就被汽車撞飛了。於是，原本很可能會被畫上絕世名畫的全新畫布，就這樣留了下來。那就是這張白紙」。

令人印象深刻的是，這位大學生並不是在白紙上想像某個場景，而是把白紙本身融入故事裡。或許白紙給他很大的衝擊，讓他無法忽視吧！他在開始編故事之前所說的「這是背面吧？」充分反映出他的驚訝。原本他覺得白紙是背面，預期正面會有某幅圖畫，沒想到沒有任何圖案的白紙，才是正面。這讓他想到全新、潔白的畫布。

白色的畫布，意味著它將要被塗污。若是有年輕的天才畫家站在它面前，更是如此。創造，因為我們敢於弄髒白色的潔淨而發生。天才畫家正準備開始創作時，有人「把他叫了出去」，而那成了字面意義所示的「召喚」，畫布因此得以保持潔淨。是誰為了保護畫布的潔白，而奪走了天才畫家的性命？我們大概可以推測得知，那是個看不見形影、可怕的對手。關於看不見形影的對手，我們將在下一個章節探討。在這裡，至少讓我們期待數年之後，敢於塗污潔白畫布的新英雄，會在這位純潔的年輕人心中誕生。

二．看不見的陰影

剛剛我們說，看不見形影的對手是可怕的。如果陰影化成某種我們看得到的形象，那麼不論它如何可怕，我們總是可以想出應對的方法。但是當我們看不見陰影的樣貌，就只能無言地顫抖。

眼睛看不到的東西

受到眼睛看不到的陰影侵襲，其痛苦是常人無法想像的。許多人因為這樣的痛苦而自殺。一方面那是因為痛苦極為強烈，另一方面則是因為看不見形影的敵人，周遭的人無法了解其苦處，令當事人容易陷於絕望。

接下來要介紹的，是一位失自我感障礙症（depersonalization，又譯「失現實感障礙症」、「人格解體」）患者所做的夢。

夢：父親與哥哥變成了入侵者（invader）。他們看著電視上播放的《入侵者》的節目。我之所以知道他們是入侵者，是因為當哥哥看到電視中的入侵者被擊倒時，臉色大變。

這個夢裡所說的「invader」，指的是來自外星的入侵者。實際上當時的電視節目，真的在播放這樣的故事。的確，外星的入侵者原本是肉眼可見的；但是當它們的外型與人類完全相同的時候，我們無法分辨真假。也就是說，當入侵者的外型與自己的父親完全相同時，我們無法分辨眼裡看到的是不是真正的父親；換句話說，就算我們看得到它的外型，卻看不穿它的本質。結果，要看到敵人是極為困難的。舉例來說，就算我身旁的人全部都被入侵者取代了，我也不可能發現。只是隱約感到某種不對勁與不安。

失自我感障礙症是一種可怕的症狀。患者會感受到自我意識的障礙：「感覺不到自己的存在」、「自己變成不是原來的自己」，或是對象意識的障礙：「外面的世界看起來像是畫出來的」、「外界與自己之間像隔了一層紗，看不明白」，或是身體意識的障礙：「不覺得自己的手、腳，是屬於自己的東西」、「無法感覺自己的身體是活著的」等等。這些完全都是當事人主觀的感受，而我們除了仰賴當事人本身的描述，沒有其他任何線索可以作為診斷的依據；但有時候當事人也無法將自己的經驗化為言語，而不知如何是好。這一類的症狀，常常被視為許多精神疾病與精神官能症的「部分症狀」；正常人在極度疲倦的時候，也會有這樣的經驗。但有時候，失自我感障礙症會成為某些患者的核心症狀；這些人沒有其他任何精神疾病的症狀，從外部看起來，他們的生活與普通人沒有兩樣。有時候我們會特別將這種患者的症狀稱為「解離性精神官能症」，與作為部分症狀、或是暫時性的失自我感障礙症區隔開來。在他人看來，「解離性精神官能症」患者過的完全是普通的生活，但實際上，當事人的人生充滿了痛苦。

精神醫學家木村敏，在他的一部著作的一開頭這樣寫著：「在所有精神症狀之中，患者本身最清楚感覺到所謂自性或自己的異常的，就是被稱為『失自我感障礙症』的症狀。」[8]木村從失自我感障礙症的症狀入手，試圖闡明所謂「自己」這件事的本質，進而構築他的「自覺的精神病理」理論。相對於他的觀點，筆者的方法則是從陰影的角度來觀看所謂的「自己」。或者也可以說，筆者嘗試徹底從它與陰影的關聯，來觀察木村所探討的「自我」。木村說：「我認為，失自我感障礙症可以說是處於生與死之間的狀態；而且比起生，更傾向死亡。那既不是肉體之死，也不是精神之死，而純粹是自我的死亡」。「那是人對於自己所處的、難以忍受的現實，所嘗試的一種抵抗。雖然消極，但某種意義下是極為純粹而有尊嚴的」。

那麼，失自我感障礙症的患者不惜殺死自我，也要試著抵抗的「難以忍受的現實」，究竟是什麼？讓我們來看看一開始那位失自我感障礙症患者的夢。對這個人來說，外界充滿了「入侵者」。面對這來自外星球的可怕入侵者，我們到底該怎麼戰鬥才好？我們能感覺到入侵者的存在，但是因為它們的外表與我們的家人一模一樣，我們無法分辨誰才是敵人。於是每次我們看到家人的臉孔時，心中不由得升起這樣的問題：「這真的是我父親嗎？」「這真的是我母親嗎？」

不過，看到他這樣說，應該會有很多人覺得，這種問題我也想過啊！我的父母是不是我真正的父母？搞不好我是收養來的……等等。事實上筆者認為，曾經想過這個問題的人才是普通的。絕大部分的小孩在試著強化、確立其自我的時候，心裡都會產生這樣的疑問。人為了自立，必須忍耐孤獨的感覺。人在什麼狀況下，會認為自己的存在是獨立的個體？應該是當她（他）感覺不需要倚靠任何事物、也不需要依賴家人與家庭的時候吧！換句話說，感覺就算自己並不是這個家族真正的成員，存在也不會受到威脅。但實際上，我們都太過軟弱，無法承擔這樣的自立感。就算我們曾經在某段期間對家人產生懷疑，該懷疑也會自行消失；之後我們會恢復與父母的關係，繼續留在家庭中

8 原註：木村敏『自覚の精神病理』紀伊国屋書店 一九七〇。

接受扶養。一般人會一面適度地反覆這樣的過程，逐漸長大成人，而且在這段期間，個人與家族之間依賴與非依賴的關係，保持著非常微妙的平衡。

自我這種對於外在他人的「依賴與非依賴」的平衡關係，也會原封不動地發生在個人的內在。自我與支持自我存在的無意識之間，必須保持微妙的平衡。當我們的自我過度脫離無意識，將會失去生命力；相反地當無意識支配自我的力量過於強大，則自我將失去統合性。我們在第一章已經說過，榮格將無意識區分為個人無意識與普遍無意識，並且以這兩個不同的層次來思考。當普遍無意識的內容直接侵入自我的領域，自我會強烈感覺到危險。這時候若是自我想要維護其統合性，就必須進行強力的防衛。不過，雖然強力的防衛能夠某種程度保護自我的統合性，卻會使我們失去生命感，因為生命感是透過與無意識適度的接觸而得來的。筆者認為，這就是造成失自我感障礙症狀的心理機制。

這位失自我感障礙症患者的夢裡所出現的「來自地球外的入侵者」，完美地呈現出普遍陰影入侵的意象。「來自地球外」這件事生動地顯示，那是遠遠超過個人經驗的存在。而且遭到超越個人經驗的普遍陰影入侵，卻無法看到它的本質。也許我們可以在自我的四周築起玻璃的防護罩，以防堵它的入侵。這道玻璃牆要是破了有多麼可怕，第一章〈心的結構〉一節中所引用的詩，描寫得栩栩如生。玻璃防護罩雖然能保護我們，卻讓我們無法直接確認自己的存在。這時候，我們的敵人反而是那道玻璃牆；我們因為「看不見的敵人」而痛苦不堪。因此，失自我感障礙症患者在邁向痊癒的過程中——隨著這道看不見的玻璃牆逐漸變薄——會來到某個時間點，使他不得不經歷直接面對普遍陰影的恐怖。在木村敏報告的一個案例中，一位罹患解離性精神官能症的少女，曾經在十一歲的時候，瞬間經歷到「無法言喻、比死亡更可怕的痛苦」，並且自然地痊癒了。然而，六年後這位女性的失自我感障礙症狀又再次發作。這時候她說：「要治好現在的病，顯然我必須再重新經歷一次十一歲的時候體驗到的恐怖瞬間。如果是這樣的話，那還不如死去的好」，同時對治療採取了消極抵抗的態度。筆者認為，她所經歷的、無法以言語表達的「比死亡更可怕」的痛苦，就是瞬間自覺到普遍陰影的經驗。

那麼，這些患者為什麼會遭到普遍陰影的入侵？事實上一般人的無意識之中，也都存在著這樣的陰影，但絕大部分的人都能避開與它直接對決而繼續生活下去。關於這一點，我們沒有明確的答案。母子關係是個人自我成長的母胎，而大部分失自我感障礙症患者的母子關係，的確都比較薄弱。但儘管如此，我們很難說那就是決定性的原因。某個時候、在某個人的無意識中強力佈局的普遍陰影，危及他的自我的存在——我們能說的，只有這個而已。

我們剛剛探討的例子，是失自我感障礙症患者夢見家人變成外星入侵者。但如果有人實際上真的「確信」他的家人是外星入侵者，那又會如何？美國心理治療師莫斯科維茨（J. A. Moskowitz），就曾介紹過這樣的案例。9

大衛是一位十二歲的少年。他確信自己的父母已經變成外星入侵者，而且他相信只有自己能分

9 原註：Moskowitz, J. A., "Capgras' Symptom in Modern Dress", *International Journal of Child Psychotherapy*. Vol. 1, 1972.

辨眼前的人是真正的父母還是外星人。於是他拼命努力想要保護自己的親人，不讓他們受到入侵者傷害。只要父母或弟弟的表情或行為有任何細微的變化，大衛的反應都非常敏感而激烈。比方父親去拜訪平常不喜歡的人，或是弟弟的襯衫上出現平常沒有的皺摺，他就會判定他們是外星入侵者而大鬧一場。剛好那時候美國電視上放映的戲劇節目《入侵者》，主角的名字也叫「大衛」，更燃起了他與入侵者戰鬥的熱情。有時候他覺得連自己也分不清楚真人與入侵者的差別，就會陷入混亂，像嬰兒一樣大哭大鬧。

心理治療師在多次與大衛進行治療面談後發現，只要大衛對家人產生了憤怒的情緒，症狀就會變得嚴重。大衛所有的家人在日常生活中都非常壓抑情感，他的母親尤其如此。她患有性慾低下症（俗稱性冷感）；雖然知識水準很高，但是具有以知性的理解，來切割並劃分一切事物的傾向。儘管大衛在治療過程中表現出抗拒，但治療師逐漸幫助他學會表達自己的情緒，特別是憤怒與敵意。當治療師與大衛建立起信賴的關係，大衛對他說：「我覺得爸爸和媽媽想把我幹掉。爸爸也好，媽媽也好，都比較喜歡弟弟。我沒辦法相信真正的爸爸和媽媽會做這種事」。

但是就像我們前面說過的，所有的小孩至少都會有過一次「真正的爸爸媽媽不可能會做這種事」的想法，也會懷疑「我說不定不是他們真正的小孩」。從這一點我們可以明白，不論是一般失自我感障礙症患者的心性，或是大衛這位少年的心性，與普通人的心性並沒有本質上的不同。當然，這樣的症狀並不會輕易發生在每個人身上，因此我們不能將所有人等同視之，但我想強調的是，對這些顯示出「異常」症狀的人造成影響的心理機制，與普通人內心的心理機制並沒有兩樣。

《青春期》　孟克這幅著名的畫，栩栩如生地描繪出青春期的陰影。畫中的少女好像受到什麼事物的驚嚇而睜大了眼睛，未分化的巨大陰影就在她的背後。這陰影與其說是照射著少女的光線所形成的，還不如說是存在於少女內部的陰影彷彿就要蹦出畫面，跳到我們面前。

愛德華・孟克（Edvard Munch, 1863-1944），《青春期》　1894 年作。收藏於奧斯陸國立美術館。

反過來我們也可以這樣說——所謂的普通人，就是那些對於自己內心深層所存在的普遍無意識毫無覺察，就這樣活著的人們。

莫斯科維茨以「現代裝扮下的卡普格拉症」（"Capgras' Symptom in Modern Dress"）為題，發表了大衛的案例。自從一九二三年法國心理學家約瑟夫．卡普格拉（Jean Marie Joseph Capgras, 1873-1950）以「相似者的幻覺」（L'illusion des sosies）為名發表以來，這一類的症狀就被稱為「卡普格拉症候群」。患者對他（她）原本就認識的人，感到莫名的陌生怪異（strangeness），進而相信他們是頂替的冒牌貨，而不是真正的本人。莫斯科維茨之所以用了「現代裝扮」的說法，只是因為大衛借用了「外星入侵者」這個當時流行的故事而已，並沒有其他的意義。事實上，其他症狀也有類似的情形；就算某種症狀自古以來就存在，它的「裝扮」會隨著時代與文化的差異，而產生相當程度的變化。

如果我們用「相信已知的事物，其實是未知的事物」來描述卡普格拉症的症狀，那麼可以說，它為我們指出了一個根源性的問題，那就是——對我們來說，真的有「已知的事物」這樣的東西嗎？莫斯科維茨認為，卡普格拉症是因為患者把對自己的陌生怪異感，轉移到外界重要的人而發生的。但是，我們真的不會對自己有陌生怪異的感覺嗎？我真的認識我嗎？我來自何處？要往哪裡去？如果我們認為自己來自母親的子宮，那麼木村敏所說的，覺得母親是未知之人的卡普格拉症狀是「對自己來歷的否認」，就非常貼切。當然，普通人不會否認或懷疑我們來自母親，但顯然這個「來歷」不足以回答「我來自何處」這個問題。我甚至覺得，為了追尋自己真正的來歷，我們必須一度否認自己肉體的來歷。想到這些事情就不禁覺得，失自我感障礙症與卡普格拉症，對我們提出了有關存在最根本的問題。

聲音與氣味

剛剛我們談論了看不見的陰影的可怕。但有時候我們雖然肉眼看不到陰影，卻可以透過視覺以外的感官，感覺到它的存在。所謂視覺以外的感官，可以是聽覺、嗅覺或是觸覺，也有些時候是透過「確信」感覺它的存在。換句話說，當事人並沒有透過感官掌握到任何跡象，而只是「確信」有某些東西存在。

人在受到這種肉眼不可見的陰影入侵時，會產生各式各樣的幻覺，比方聽到別人聽不到的聲音，或是聞到奇怪的氣味等等。也可能是覺得什麼東西觸摸了自己，或者就只是確信有某種存在跟在自己背後。人是「視覺的動物」，我們最主要是靠視覺接收外界的訊息。當對手是肉眼不可見的陰影時，設法「看到」它的樣貌是很重要的事。一旦能看到它的樣貌，我們就可以想出對應、處理的方法。話雖如此，這裡所說的「看到」當然只是一種比喻；當我們面對那些受到不可見的陰影侵襲、為幻聽或幻嗅等症狀所擾的人，實際上我們所能做的，是幫助他們透過視覺可見的形象，來把握無意識的內容，並理解其特性。就如先前所述，利用「夢」就是其中一個方法。心理治療師陪同患者一起分析他在夢裡「看到」的事物，以揭開幻覺的真實身分。在這裡我必須先說明，這個方法並不是對所有的患者都有效。將肉眼不可見的陰影形象化、並且直接面對它，在精神上需要相當的強度。如果不是具有足夠精神力量的人，很難做到這一點；即使勉強做到，也會暴露在很大的危險之中。就算在治療者的幫助下，也只有當事人的自我達到某種強度，這樣的治療法才會有效果。

在先前介紹過的、伊芙懷特的案例中，當事人的心裡一直有一個「聲音」對她說話，讓她覺得很困擾。當丈夫拉爾福責罵她的時候，伊芙懷特都是以順從的態度回應，但是耳邊一直有一個聲音要她「打爆那傢伙的頭！」。她覺得這個症狀是自己罹患精神病的證據，因此一直沒有告訴治療師。過了一段時間之後，她實在無法繼續隱瞞，才向治療師吐露了這個「聲音」的祕密。治療師安慰她，告訴她那不是精神病的徵候。治療師說，如果是精神病患，會以為那樣的「聲音」是真實存在的，但伊芙懷特知道那是幻聽，而且知道這樣的現象不正常。的確，即使同樣是聽到「聲音」，相信那是真的有人在說話的患者，和知道那是幻聽的患者，情況是非常不同的。不過，後來那些「聲音」的主人——伊芙布萊克——出現了。關於伊芙懷特與伊芙布萊克這兩個人格如何統合的過程，我們已經在第二章敘述過了。

雖然在聽到「聲音」的時候，當事人是否確信那是真實的，是很重要差異，但是對實際經歷這個現象的人來說，那個差異非常細微，有很多時候是無法分辨的。患者會根據醫師或心理治療師問話時的態度，而改變他們的說法。當患者覺得「反正說了他也不會懂」時，有時候會放棄尋求了解而拒絕說明其經驗的細節，就僅僅是斷言「我真的聽到了」。也有些人嫌說明起來很麻煩，不管治療者問什麼問題，就只是回答「對」。確實，這些有關陰影的經驗都不是在公開而清楚的狀況下發生的，當事人無法明確地回答也是很自然的事。而如果治療者與患者對談時，不強迫對方說「是」

或「不是」，而是讓當事人順著自己的邏輯敘述，有時候連治療者也無法判斷那些是真的發生過的事，還是患者的幻聽。但如果治療者在與患者建立共感關係的同時，能夠不失去自己的立場，那麼隨著對話的進行，原本我們只能透過「聲音」來掌握的無意識的內容，將具有更明確的形象，也可以有更清楚的認識。

曾經有一位女學生，因為幻聽的症狀來找我諮商。她經常聽到鄰居說她「色情狂」，或是「精神有問題，趕快去住院吧！」之類的話。一開始她以為自己聽到的聲音是真的，直到有一次去公共澡堂，她聽到男用浴室那邊傳來女人的聲音，才開始覺得奇怪。於是，後來當她又聽到講話的聲音時，試著向家人求證，結果家人告訴她沒那回事，沒有人在講話，讓她非常困惑。治療的過程我就不詳述了，只舉她所做的一個夢來討論。那是在進行了數次夢的解析後，所發生的事情。

夢：主角是一位公主（自由奔放的人）。侍從試著制止她，但她還是穿著迷你裙。換了一個場景。我自慰，這件事很糟糕。A（男性）追求我。場景又換了，最後公主因為羞愧而自殺。

當事人察覺，這個夢裡的公主似乎就是她自己。A是鄰居的一位年輕男性；她覺得A好像對她有興趣。不過，做這個夢的女學生，家教非常相當嚴格，對性有很強烈的禁忌。但是在這個夢裡，出現了反抗嚴格教養，堅持穿迷你裙的公主。很顯然地，公主是這位女學生的陰影。在自由奔放的公主的故事中間，所插進的場景——自己被男性追求，為自慰感到罪惡感等等——也非常有趣。事實上她真的曾經自慰，並且因此非常後悔。夢的中段的這個場景，清楚地表現出她生活的陰影的部分。或許正因為如此，所以在夢的最後，公主為自己的行為感到羞愧而自殺了。可以想像的是，就像這位女學生所說的「夢裡的公主說不定就是自己」，隔開她的自我與陰影之間的牆壁非常薄，所以她很難分辨內在的聲音與外界的聲音。陰影以公主的姿態顯現，或許表示陰影的這種生活方式，正是她應該走的道路。儘管如此，這個夢以公主之死作為結束，又具有什麼樣的意義？在象徵的世界裡，死亡代表急劇的變化（伴隨著危險）。當事人的陰影發生了劇烈的變化，必須整合到她的自我之中。後來她在分析治療的過程中，逐漸認識到自己的陰影自由奔放的性格，也稍微緩和了自己對於性的過度壓抑。大概因為這樣的變化對她來說十分「急速劇烈」，困擾她的「聲音」也很快地消失了。

就在陰影逐漸整合到自我之中、聲音也消失不見的時候，她做了一個令人印象非常深刻的夢。夢境如下：

> 夢：有兩個桐木做的箱子，各自貼著朱紅色與白色的色紙。色紙上用毛筆寫著和歌。每個箱子上都貼了四張色紙，分別寫著歌詠四季的詩句。「春天來臨時……」、「夏天來臨時……」「秋天來臨時……」「冬天來臨時……」。

女孩說，從這個夢醒來後，她感覺到「戀愛這件事受到認同」。也就是說，這世界上有戀愛這件事也無妨，我們可以允許它的存在。她描述自己的感覺是「就像世上有春夏秋冬，戀愛這件事也是存在的」。而桐木箱上面貼著的色紙，朱紅色讓她聯想到熱情，白色則是純潔。

確實，對我們人類來說，「性」是一直蟄伏在陰影的世界裡蠢蠢欲動的東西。自從佛洛伊德指出這件事以來，人們提高了對「性」的關注。在我們這個時代，甚至讓人感覺「性」已經脫離了陰影的世界，而暴露在陽光之下。但即使是現在，就算不像這位女學生那樣將戀愛視為罪惡，但出乎意料地還是有許多人對「性」感到抗拒。相對於這一點，在這個夢裡朱紅色與白色的共存，以及春夏秋冬的存在，暗示了統合為整體的可能性。這個夢以四季的存在，來象徵避諱「性」的潔癖與將「性」視為熱情泉源的想法，統合之後的整體意象，筆者認為非常具有日本的特性。對日本人來說，四季的更迭除了是自然的變化之外，還有更大的意義。儘管四季不斷變遷，同時卻也處於互補的關係，而形成了完全的整體。當事人選擇了自然的四季來象徵心的完整性，而不是像基督教那樣用人格化的意象來表現，令人印象深刻。

在出現這種症狀的人當中，能夠經由夢的解析探索問題焦點的人，其實並不多。有一位相信自己身上發出奇怪的臭味、因此受到他人嫌惡的高中生，並沒有在與筆者面談中探索自己的無意識，而是持續和我討論如何在現實生活中處理他的體臭。但就在這個過程中，他感覺自己的體味消失了。在這個案例中，當事人並沒有讓看不見的陰影轉變為可視的意象；但是透過自我的強化，他開始有能力阻擋陰影的入侵。在實際的心理治療案例中，這樣的情形也很多。

說到「看不見的對手」，就讓我們想起羅馬時代著名的埃莫（Amor，邱比特 Cupido 的另一個名字）與賽姬（Psyche）的故事。賽姬是三個姐妹中最小的一個，在阿波羅的神諭下，被迫要嫁給一個可怕的怪物。對賽姬來說，這樣的結婚等於是死亡，於是她穿上死者的裝扮，流著眼淚與父母道別，出發前往阿波羅指定的山上。然而這時候，西風之神卻將她帶往一座美麗的宮殿。宮殿裡有一個看不見身影的「聲音」溫柔地對她說話，無微不至地照顧她，甚至為她準備豐盛的食物。不僅如此，她的丈夫不讓她看到自己的形貌，只在夜裡與她溫柔相會，並且在天亮前離開。這樣的生活不斷地重複持續。賽姬雖然看不到丈夫的身影，卻能感受到他的聲音、觸感，應該還有氣味吧！她經驗著這一切，沉浸在幸福之中。在先前所舉的例子裡，被幻覺纏身的人因為不幸而嘆息，但賽姬卻享受著看不見的幸福。

自古以來惡夢的典型之一，就是在睡眠中受到某種可怕的怪物侵襲。[10] 有時候是女巫、吸血鬼或狼人，有時候甚至無法判斷是人還是動物；這些怪物都具有普遍陰影的某些屬性。但有些時候我們分不清現在自己是醒著還是在睡夢中，只是感覺有什麼人或東西鑽進自己的床。我們知道那不是現實，但是比現實更具有真實感。曾經實際經歷過的人這麼說——這個經驗最可怕的地方，在於「不知道對方是誰」。同樣是「不知道對方是誰」，有的人覺得非常恐怖，但賽姬卻覺得非常幸福，這是為什麼？

根據神話的敘述，賽姬知道自己非與怪物結婚不可的時候，雖然哀傷悲嘆，卻完全被動地接受自己的命運。這樣的被動性，讓她的心向著原型的世界敞開，與原型的世界產生無意識的一體感。

她的幸福感以「不看、不知」為前提。她的丈夫到底是什麼？賽姬既沒有試著去看，也沒有想要知道。她只是滿足於感覺到的、聽得到的事。也就是說，她讓對象保持未分化的狀態，讓自己淹沒於其中。可是一旦她開始想要「知道」，就無法保持幸福。這件事在「埃莫與賽姬」的故事裡，顯現為賽姬的姊姊們的煽動。她姊姊們的行為，就像伊甸園裡的蛇。賽姬經不起姊姊們慫恿，不顧先前丈夫慎重的警告，窺視了丈夫的樣貌。丈夫埃莫一怒之下拂袖而去，只留下賽姬一個人，落入「逐出樂園」的苦難之中。但是正因為經歷了這樣的苦難，為賽姬打開了後來發展的道路。這一段故事與女性的自我實現有關，但是諾伊曼（Erich Neumann, 1905-1960）已經就這方面的思考作了詳盡的解說[11]，這裡就不再贅述，只談論與我們的主題有關的部分。

煽動住在樂園裡賽姬，要她打破丈夫的禁忌、窺探他容貌姊姊們，其實是賽姬的陰影。雖然說是丈夫，但這個看不見形體的對象，也很可能是個怪物；在這裡的丈夫，可以說象徵了普遍無意識在未分化狀態下的整體。因為陰影（譯案：姊姊們）的介入而窺視丈夫的樣貌，讓賽姬朝向確立更高的意識性而踏出了一步。賽姬確認了對手埃莫的容貌。到了這個階段，她的對象很明顯地不再是「不可見的事物」，而是榮格所說的阿尼姆斯。當陰影以人格化的型態（賽姬的姊姊）出現，讓原

10 原註：ハドフィールド（James Arthur Hadfield, 1882-1967）著，伊形洋譯『夢と悪夢』（*Dream and Nightmares*）太陽社一九七一。

11 原註：ノイマン（Erich Neumann）著，玉谷直美、井上博嗣譯『アモールとプシけ』（*Amor and Psyche*）紀伊国屋書店一九七三。

本罩在神祕面紗（稱為「怪物」的普遍陰影）下的對手脫去了面紗，清楚露出阿尼姆斯的樣貌。未分化事物的分化過程，對人格的發展來說是必要的。而這個故事如實地呈現，分化過程中陰影所扮演的角色與意義。

賽姬原本住在「不看、不知」的樂園裡，但這個樂園是一個自我封閉的世界。當普遍的陰影與阿尼姆斯融合成一個存在，直接受到這個存在的衝擊的人，要不是體驗到至高無上的幸福狀態，就是被囚禁在自我封閉的世界中，感受到難以表達的痛苦。神話的時代另當別論，但現代人或多或少都具有某種意識性，因此通常體驗不到前者的沉醉恍惚，而大多是感受到「不知道對方是誰」的恐懼與顫慄。如果我們比較這樣的人與雙重人格患者，也許從外在看起來後者的症狀比較劇烈明顯，但是以個人陰影的問題來說，其實雙重人格者的痛苦比前者輕微，也比較容易治癒。事實上，因為「看不見的對手」而痛苦的人，其症狀是很難處理的。一般而言，他們個人陰影的形象並不明確，而且大多是所謂的「好人」。個人的陰影有一個面向，就是能保護我們，不讓我們直接經歷原型的傷害。直接面對原型的力量，雖然有時候能讓我們體驗到至高無上的幸福狀態，但同時也具有一種危險性，會將我們引向完全的毀滅。個人的陰影力量強大的人，雖然感受不到至高的存在，卻有可能「與世界保持距離」而生存下去。

三・地下的世界

地獄

在我們生活的土地之下，還有另一個地下的世界——自古以來，在全世界都可以看到這樣的想法。那是神話、傳說、民間故事最喜歡的主題之一。某個人物在故意或偶然的狀況下造訪地下世界的故事，隨處可見、不勝枚舉。相對於地上的世界，地下世界充滿了陰影；這些陰影大部分與死者或惡魔結合在一起。不過，地下的世界同時具有豐富的多樣性，我們也可以看到「地底的寶物」這樣的主題，以反諷的方式在陰影中發現光明。然而在種種地下世界的故事中，最能讓我們思考陰影的問題的，就是地獄的世界。

最初在人們的想像裡，「黃泉」這樣的地方僅僅是死者的國度。後來，隨著基督教與佛教等宗教為世界設定出善與惡，死者的國度也開始分化為地獄與極樂世界。地獄是惡人在死後遭受刑罰的場所，各個宗教都以繪畫栩栩如生地描繪地獄的慘狀，激起世人的恐懼。小時候大家都聽過祖母講述地獄的故事吧！當時的恐懼我們都還記得。但隨著近代科學的發達，地獄的存在急速地失去了說服力，近年來被冠上迷信的惡名，我們已經很難找到空間來安置地下的世界了。

接下來我們將要來思考這已經逐漸被世人遺忘的地獄。但是在那之前，讓我們來看看極樂世界是什麼樣的地方。岩本裕（Iwamoto Yutaka, 1910-1988）的著書《極樂世界與地獄》（『極楽と地獄』）中，抄錄翻譯了《無量壽經》中對極樂世界的描寫。[12]

「極樂世界裡瀰漫著各種芬芳香氣，寶石的樹上裝點著各種花朵與果實，棲息著各種啼聲美妙的鳥兒。

而且，這些寶石的樹有各種顏色。不單單是一個顏色，而是有無數的顏色。有金色的黃金樹，也有銀色的銀樹。有琉璃色的琉璃樹，也有水晶色的水晶樹。有琥珀色的琥珀樹，也有珊瑚色的珊瑚樹。而且，還有瑪瑙色的瑪瑙樹。……

有些樹有黃金的樹根、白銀的樹幹、琉璃的大枝、水晶的小枝、琥珀的葉子、珊瑚的花、瑪瑙的果實……有的樹有瑪瑙的樹根、黃金的樹幹、銀的大枝、琉璃的小枝、水晶的葉子、琥珀的花、珊瑚的果實。還有一些樹，不論樹根、樹幹、大枝、小枝、葉子、花、果實，都是由七寶構成的。」

對於這一段引文，岩本裕先生表示「雖然是極其華麗的景色，但這樣煩瑣的描述實在令人厭煩」。筆者完全同感。「但是，《無量壽經》的作者完全不在意自己是不是令人厭煩，繼續堆砌讚美的詞藻」。關於極樂世界我們就引用到這裡，接下來讓我們來看看地獄。極樂世界瑣碎的描寫讓我們覺得單調，相對地，地獄的描寫則非常生動。這一點非常特別。

在日本，源信（942-1017）的《往生要集》（九八五年）賦予了地獄固定的輪廓。我們繼續透過岩本裕先生著作中的引述，來一窺究竟。根據源信的說法，地獄一共分為八大地獄。第一個稱為等活地獄，凡曾經殺生的人，會墮入這裡。「它位於我們居住的世界下方一千由旬（古印度長度單位 yojana 的音譯，實際長度不明）之處，縱橫各一萬由旬。墮入此等活地獄的罪人會一直加害彼此；只要偶然相遇，就用鐵爪傷害對方，不斷打鬥直到血肉盡失、只剩骸骨為止。獄卒也會用鐵棒毆打罪人，讓他全身粉碎；或者用銳利的刀子，肢解他全身的肉。但是只要吹來一陣涼爽的風，這些罪人就會回復原來的樣子，重新活過來，再次遭受同樣的折磨。這樣的過程無止境地反覆下去。」

再看看第三個地獄「眾合地獄」，對於其中的刀葉林，《往生要集》是這樣描寫的：「這裡的樹木，葉子全都是銳利的刀片。樹上有打扮得很漂亮的美女。罪人們看到美女，紛紛往樹上爬，葉子像刀一樣將他們全身割得支離破碎」。等到他們爬到樹上，那美女又突然出現在樹下，慾火焚身的罪人們又急著往下爬，再次被割得血肉模糊。長達百、千億年的時間，這樣的事情不斷反覆。而這駭人聽聞的八大地獄，每個都還有自己的十六個副地獄，規模之大難以想像。

看到這樣的敘述，我們首先湧現的疑問是，當時的人為什麼需要這麼廣大的地下世界？當時的人們在地上住的是結構單純的一層樓平房，地下的世界卻如此複雜、廣闊。對於這一點，梅原猛[13]

12 原註：岩本裕（『極楽と地獄』）三一書房 一九六五。

13 原註：梅原猛『地獄の思想』中央公論社 一九六七。

表示「釋迦思想的性格，非常容易與地獄的思想結合」。「在釋迦所宣揚的思想裡，人生就是苦。而痛苦的原因，就是欲望。」而且，「如果讓因果的概念超越此世的限制而擴大到來世，釋迦的思想立刻就成為地獄的思想。」也就是說，實際上如果只談現世，因果報應「賞善罰惡」的倫理是無法完整的，只有加上極樂世界與地獄，才能成立。因此，如果同時肯定以下三點——一、人死後生命的純粹宗教問題（即靈魂存在的問題），二、善惡判斷與賞罰的倫理問題，以及三、因果論的邏輯——那麼這樣的思想就需要由極樂與地獄的世界來補足，否則是無法完整的。也就是說，地上世界的存在，必須由位於地下一千由旬處的地獄，來扮演支撐的角色。然而到了近代，雖然因果論的影響力不斷增強，但自然科學的因果論取代了佛教的倫理因果論而急速成長，前述的第一個命題「死後生命的存在」遭到否定，極樂世界與地獄的存在也被視為迷信而遭到抹除。這樣一來，失去支持的地上世界會產生混亂，也是理所當然的。

為了對應這新的事態，我們當然必須慎重處理前述的第二命題，也就是善惡判斷與賞罰的問題。但是，如果我們不從根本之處檢討、改變，而只是原封不動地繼承自古以來對這個問題的看法，那麼會發生什麼樣的狀況？結果就是人們繼續信奉因果論，而試圖在此世建設極樂世界吧！熱衷於這個偉大事業的人們，既然知道反對其志業的惡人不會到地獄去受懲罰，那麼就必須由自己在此世懲罰他們。於是，立志在此世建設極樂世界的人，反而在此世創造出地獄。范德坡（Laurens van der Post, 1906-1996）曾說，這個絕望的時代最顯著的特徵，就是人們找到「做惡事的正當理由」[14]。美國與蘇聯用這些「正當的理由」，在越南與捷克斯洛伐克做了什麼樣的事，我們都很清楚。近代科學承諾帶給人們舒適的生活；而我們也都看到所謂正當的科學，製造出什麼樣的公害來。

如果不願意滿足於這樣的模式，到底該怎麼做？話雖如此，我們已經無法相信地底下有地獄的存在。於是，就像過去的人類為了讓倫理的思想完整，而將世界擴充到死後的世界與地底，是否也有一個世界是我們應該擴充的？那就是我們內心的世界。我們必須承認，在我們所知的內心世界之下——或之上——還存在著更廣闊的領域。換句話說，就是看到自己的內心當中，即存在著地獄。那些不知道自己的心中有地獄的人，確信自己是善人，而在這個世界上創造出懲罰惡人的地獄。所謂擴充內心的世界，同時也是重新審視遭到近代科學否定的靈魂之存在。

關於前述的刀葉林，梅原猛這麼說：「每次當我讀到這一段，心裡都會產生疑問——這真的是在說地獄的事嗎？我們生活的這個世界，不也有同樣的痛苦嗎？這種愛慾之苦，絕大部分的人至少都曾一次、兩次墮入其中，不是嗎？」。他說得沒錯，對地獄的描寫，經常告訴我們許多此世的事情。不過，關於這刀葉林的意象，筆者認為還可以有另一種想法。先前我們說過，對於男性來說，女性的形像是他的靈魂（阿尼瑪）的形像。失去靈魂的現代人，一瞬間看到樹上的靈魂幻象，在追求過程中受傷、流血——只有這樣，才能證明自己活著。這種事一而再、再而三、無限地反覆發生，不是嗎？在這樣的聯想背後，我還想起另一件事。罹患失自我感障礙症的人，看起來就像失去

14 原註：Van der Post, L., *Man and Shadow*, South Place Ethical Society, 1971.

了與靈魂的接觸。他們經常做充滿血腥的夢，而且只有在這樣的夢中才能感到現實感。還有一些患者，會為了確認自己真的活著而自殘。我們曾經說過，失自我感障礙症的症狀來自對存在本身的疑問；我認為失自我感障礙症其實是以放大的方式，呈現出所有現代人的問題。

為了恢復與靈魂的接觸，為了讓自己的存在有更紮實的基礎，我們不得不探索地下的世界。夢是通往心中的地下世界、通往無意識的道路；我們的夢裡經常出現地下世界的意象，也是理所當然的事。接下來讓我們來看看，出現在現代人夢裡的地下世界的模樣。

朝地底世界下降

人經常在夢中前往地底的世界。下面這個夢，是一位四十歲的憂鬱症患者，在接受分析初期所做的夢。

夢：我和分析師一起走在地下道裡。天花板很低，而且只有我們兩人所在之處有微弱的光線，前方則是一片漆黑，看不出來到底有沒有路。我害怕地說：「醫生，這麼暗還要往前走嗎？我們能得救嗎？」。分析師回答：「這我也不知道呢。不過，一直待在這裡也不是辦法，打起精神向前走吧！只要認真找，就算再怎麼黑暗，也一定可以找到出口」。於是我整理心情，重新踏出腳步。這時候我覺得腳邊好像有什麼東西，低頭一看，一隻棕色的臘腸狗抬起頭望著我。我跟牠說：「你也在這裡啊？那我們一起走吧！不用擔心，跟著我就對了」。我話一說完，牠就搖著尾巴跟了上來，但隨即失去了蹤影。我正在想「發生了什麼事」的時候，牠很快就回來了，還帶著一隻白色的日本犬，以及一隻牧羊犬的幼犬。我跟牠說：「哇！你真了不起！」，說完高高興興地跨出輕快的步伐。

這裡的地底的世界顯現為「地下道」，很具有現代的特色。雖然如此，這位憂鬱症的患者因為「前方是一片漆黑，看不出來到底有沒有路」，在黑暗中感到不安、害怕。有治療師陪著她，讓她能打起精神，但是最令她高興的是遇到那隻臘腸狗，而且牠還帶來另外兩隻狗。陰影的世界裡經常出現動物；那或許是因為人黑暗的一面，存在著某些動物性的、本能的部分吧！這位女性與狗兒們很親近，或許表示她在無意識中忘記了自己本能的部分；而如果她能夠恢復與這本能部分的接觸，她的憂鬱症將會治癒。在無意識的世界裡，動物對我們的援助，經常具有深遠的意義。[15]

出現在這個夢裡的地下領域，與我們日常的世界是很接近的。但榮格學派分析家惠特蒙（Edward Whitmont, 1912-1998）所介紹的這個案例，則是有關更深的次元。[16]前來求助的一位女性患者告訴他，常聽到有一個聲音，要她拿刀子刺殺自己五歲的兒子，讓她很痛苦，不知如何是

15 原註：馮・法蘭茲（Marie-Louise von Franz）分析了許多童話故事之後認為，想要為所有的童話故事找到單一的共同規則，幾乎是不可能的；只有「接受動物的幫助是有意義的事」這個一般性原則，是絕大部分童話故事共通的。von Franz, M.-L., *The Problem of Evil in Fairytales*, in Hillman, J. ed. Evil, Northwestern University Press, 1967.

16 原註：Whitmont, E. C., "Jungian Analysis Today", Psychology Today, Dec.1972.

好。——又是「聲音」的問題——在透過夢的解析開始治療的時候，這位患者做了這樣的夢：

夢：我在一個博物館裡。有一隻石頭雕成的貓活了起來，問我在尋找什麼。我回答牠，我想知道人生的祕密。於是，那隻貓領著我走到地下，在那裡見到了一些手拿著火把的古代人。他們問我，真的想加入他們，成為他們的同伴嗎？我回答：「是的。」於是我在接下來的入會儀式中，宣誓獻上自己。

這位患者在夢中，體驗到深刻的「敬畏」的情感。她所造訪的地下世界，給人遠古的氣息與宗教性的感覺。一開始遇到的貓的石像突然活了起來，這一點與上一個夢的主人翁在地下道遇見狗，意義是相當的。這個夢裡的貓說人類的語言，似乎感覺更接近人；但是牠邀請主人翁參加古代人的入會儀式這一點，讓人想起貓是古埃及女神伊西斯（Isis）的動物。做這個夢的女性決定接受地下世界的入會儀式，但還不知道實際的內容是什麼。唯一知道的是，為了支持她在現代的、地上的合理生活，加入這地下世界的決心，對她來說是必要的。如果她不能下定決心加入地下世界，就必須對抗更不合理的命令——也就是拿刀刺殺自己的兒子。實際上，透過與惠特蒙持續進行分析，這位女性獲得了適合她的宗教性。在她的夢裡，誰是地下世界的主人並不清楚。但是榮格在三、四歲時做的夢，則描繪出令人畏懼的地下住民。

以下這個夢記載於榮格的自傳中，是他所記得的、人生最初的夢。[17]

牧師公館孤伶伶地矗立在離勞芬城堡（Laufen Castle）不遠的地方。教會的男僕出身農家；在他家的後方，有一片廣闊的牧場。夢中的我，就在這牧場裡。突然我看到地面有一個鋪著長方形深色石塊的地洞。那是我從來沒看過的東西，覺得很稀奇，於是跑了過去。這時候我看到一道由石塊砌成的樓梯通往下方。我既猶豫又害怕，但還是沿著石梯往下走。走到底，有一個圓拱型的出入口，由綠色的門簾遮蔽起來。那是用錦緞做成的、又大又重的門簾，看起來非常奢華。我很好奇後面藏著什麼東西，於是把門簾推向旁邊。這時我在黯淡的光線中，看到面前有一個長約十公尺的長方形房間。天花板上垂著拱形的布，石塊砌成的地板，中間鋪著紅色的地毯，從入口處延伸到裡面的一座低矮的檯子。檯子上放著一張極為華麗的黃金寶座。我不是很確定，不過寶座上應該是放著紅色的座墊。那是張非常華麗的座椅，就像童話故事裡真正的國王寶座。有個什麼東西立在那寶座上，高約四、五公尺，直徑約五、六十公分，非常巨大，幾乎要頂到天花板。一開始我以為那是一根樹幹，但仔細一看，它的構造非常奇怪。它是由一些皮膚與裸露的肉構成的，最上面有一個圓圓的、像頭一樣的東西，但是既沒有臉孔，也沒有頭髮。頭頂上有一顆眼睛，動也不動地向上方凝視。

17　原註：Jung, C. g., *Memories, Dreams, Reflections*（《榮格自傳》），Jaffé, Aniela ed., 1961.

這個房間既沒有窗戶，也看不到光源，但頭上散發著明亮的光。儘管那東西紋風不動，我總覺得它不知道什麼時候會像蟲一樣從寶座上爬下，爬到我這裡來。我很害怕，全身動彈不得。就在這時候，我聽到母親的聲音從我的上方、從外面傳了進來。母親高聲叫喊：「沒錯！好好看清楚，那就是食人怪！」。母親的話又讓我更加恐懼。醒過來的時候我全身都是汗，覺得時間要是再拖久一點，我就要死了。之後我一直很怕再做類似的夢，連著好幾個晚上不敢睡覺。

還不到四歲時下降到地底世界所看到的光景，可以說決定了榮格此後的一生。綠色的門簾象徵了植物的生命，紅色的地毯則象徵了血的顏色，裝飾著那座地下的寺院。附著在寶座上的，則是巨大的陰莖。對歐洲人來說，在天上的是重視精神勝於肉體的天父；而榮格所見到的，這充滿肉體性的地底的王，則可說是天父的陰影。榮格在那麼幼小的時候就認識了這樣的世界，因此窮其一生都在努力找尋能夠連接這兩者的橋樑。

祕密

雖然前述的夢對榮格來說意義重大，但是他一直沒有讓任何人知道。第一次告訴別人這個夢，已經是他晚年的事了；而記載這件事的《自傳》，也因為榮格本人的意願，在他死後才發表。榮格在他的《自傳》裡這麼說：「對一個人來說，感覺自己是『個體』是極為重要的事。而一個人要強化這種感覺最好的方法，就是保有一個他立誓要守護的祕密。」[18]就像地底的世界支撐著地上的世界，存在於個人意識底層的祕密，支持著個體的存在，使個體的存在穩固而有力。但事情沒有那麼單純。有時候藏在心裡的祕密可以將一個人導向毀滅，我們隨時都可以舉出許多這樣的例子。地底的世界也擁有讓地上的世界沉沒、陷落而無法自拔的力量。

說到「祕密」，一般人會聯想到什麼事情？梅本堯夫的《聯想基準表》所呈現的數字，非常耐人尋味。[19]作者梅本堯夫找來一千名受測者，詢問他們聽到各種詞語時所產生的聯想，並製作成統計圖表。與「祕密」聯想在一起的詞語，出現頻率最高的首先是「守護」77％、「隱藏」56％。與個人內心有關的「心」、「個人」、「只有自己」等等，合計44％。「間諜」、「偵探」合計24％。「耳語」、「悄悄話」合計33％，但這部分男、女之間有較大的差異；相對於女性有25％，男性只有8％。「愉快的東西（事情）」19％、「不是好事」13％。看到這樣的統計，大概可以知道一般人如何看待祕密這件事。一般人最普遍的認知是，祕密是必須守護、隱藏的事物，與個人的內心有很深的關係。然而正因為如此，祕密是有價值的東西，因此也有人聯想到以打探祕密為職業的偵探、間諜。而比起男性，有較多女性聯想到「悄悄話」，這是為什麼？「悄悄話」是把祕密透露給特定的某個人。祕密雖然是應該守護的東西，但出人意料地容易散播。說祕密「不是好事」的

18 原註：同前引書。

19 原註：梅本堯夫『連想規準表——大学生一〇〇〇人の自由連想による——』東京大学出版会、一九六九。

人，應該是認為保有祕密是不對的吧！很多人覺得，家人與朋友之間，不應該有祕密存在。我們該如何看待這些事？

首先讓我們來想想，為什麼守住祕密是這麼困難的事？許多女性從祕密聯想到「悄悄話」。那是因為，透過悄悄話與某人共有某個祕密，可以在相互之間建立起堅固的情感。朋友間可以向對方坦白說出自己的祕密到何種程度，是衡量彼此親密性的指標。如果不小心的話，這樣的親密性很容易退化成為與近親相姦同質的親密性。因為共有某些祕密而形成的團體，雖然有強大的凝聚力，卻會阻礙其團體成員個性的伸展。但是因為對個人來說，追求個性化的道路既遙遠又艱險，就算在追求過程中的某些時期，曾經以共有祕密形成的團體認同，作為自己存在的基盤，也是理所當然的。只不過，將自己的存在完全寄託在這種人際關係上的人，會有窺探他人祕密的傾向。這樣的人對自己的存在越是不安，就越無法忍受別人保有祕密。他會急切地想要透過共有祕密而得到安全感，以掩蓋自己的不安。

祕密難以守住還有一個原因，著名的《國王長著驢耳朵》故事為我們呈現得很清楚。知道國王長著驢耳朵的理髮師，因為不能告訴任何人而生病了。理髮師知道自己要是說出這個祕密就會丟掉性命，卻因為努力守住祕密而生病——這代表了什麼意義？我們每個人的自我，都各自具有某種統合性；在經過統合的自我中，我們的知識與記憶能形成某種程度的體系，而得以保持安定。但是對這位理髮師的自我來說，國王長著驢耳朵這件事無法融入其體系。要守住這個祕密，就像讓異物進入體內而不加任何處置一樣，當然會因此生病。很多時候，將祕密公開會威脅到個人或團體的存在，所以我們才會想要守護祕密。但是保有祕密的人，卻會因此承受沉重的壓力，而很想找個人說出來。只要告訴別人，祕密的重量就會減輕。當然，聽到祕密的人會承接相當的重量。

我們說，祕密會威脅到自我的存在。但如果自我能耐得住威脅，努力將祕密納入自我之中，將會使個人走上實現個性的道路。榮格把幼年時所做的地底世界的夢當作祕密，不告訴任何人。但是這個祕密成為他一生的課題，也因此得以充分實現他的個性。從這裡我們可以明白，問題並不在於有沒有祕密，而在於用什麼方式對待祕密。是單純地隱藏、守護它？或者利用它來換取廉價的人際關係？還是與它正面對決，努力將它納入自我之中？在這些區別的中間，還有各種階段性的狀態，與不同的自我存在方式相對應。舉例來說，我們常常可以看到，小孩子們在小學三、四年級左右的年紀，組成祕密團體，發明團體內共通的暗號，或是一起去埋藏寶物等等。面臨青春期即將到來，他們的自我逐漸增強，但是還不到能獨自一個人保守祕密的強度，因此大多是由團體共有祕密。一旦他們隨著年紀而脫離這樣的時期，這種型態的團體就會瞬間煙消雲散；他們的內心也會形成新的祕密，以對應於新的發展階段。

隨著年齡與人格的發展，原本的祕密變得不再是祕密，接著又形成新的祕密——觀察這種樣態，是非常有趣的，但也有不一樣的情形。有時候人面對無可逃避的劇烈變化，不得不公開過去一直守護的祕密。這種時機的來臨總是超越個人的意圖，對當事者的人生，造成難以想像的衝擊。我忘記是多少年前的事了；有某個學校的一位教師，突然來找我諮商。這個人從小就有口吃的問題，凡是從a、i、u、e、o等母音開始的字，都無法順利發出聲音。但是他用了一些方法巧妙地掩飾，因此一直都沒有人知道。比方在本來要說「早晨（asa）」的地方替換成近義詞的「天亮（yoake）」，或是在一句話當中適時加上些微的停頓，總之一直能矇混過去。然而來找我的那時候，他被指派在畢業典禮上朗讀畢業生的名冊。名冊的順序從 a 開始，而且因為是人名，也不容許他改變用詞。這樣一來，他一定會在畢業典禮這個公開的場合丟大臉。再不到一個月就是畢業典禮了，他該怎麼辦才好？除了這個問題，我還聽他說了很多其他的事，了解到這個人的行動力、能力都非常高，已經來到中年，是很受信賴、活躍的優秀教師，他的將來受到矚目。

聽完他的話後，我這樣跟他說。從過去到現在，你一直扮演著能力高強、沒有缺點的人；是時候了，現在你必須在眾人面前暴露自己的弱點與缺點。只要是人，再強的人都有弱點，再好的人都有缺點。但是，過去的你太過於隱藏自己的缺點了。當然，就因為這樣的努力，你得到他人的肯定，是公認的好老師，但或許你做過頭了。我覺得正因為如此，你才會有這個機會，在畢業典禮這樣的公開場合，讓大家知道自己的缺點。不得不公開祕密的時機，已經到來。從今以後，你的祕密將化為另一件有意義的事——讓大家知道，一個人不論有什麼樣的弱點或缺點，都有可能成為好老師。許多人在進入中年的時候，人生前半與後半的生活意義產生巨大的變化；或許現在的你，也正面對這個重要的時刻。

這位老師接受了我所說的話，在離開前告訴我，決定讓全校的人知道他口吃的事。然而在畢業典禮當天，他卻順利地朗讀了畢業生名冊，沒有發生任何障礙。重要的是改變祕密的意義，以及改變生存的態度。那或許是因為，這個人在了解公開內心祕密的意義、決定改變生存方式以面對後半段的人生之後，反而不需要再經歷外在的失敗了。相反地，也有人在中年的時候體驗到外在的失敗，卻不能了解其內在的意義，就這樣往下沉淪。

這個例子告訴我們，當一個人公開、或是不得不公開自己的祕密時，如果不能趁這個機會找尋新的生命態度，將會陷入巨大的危險。若是沒有足夠的強韌，公開自己的祕密是危險的，不論對誰來說都是如此。從這樣的觀點我們可以理解，公開祕密的時機是非常微妙的。心理治療師雖然是聽別人訴說祕密的一方，但同樣地，要抓到聆聽的時機是非常困難的事。關於這一點，榮格曾經報告的一個案例能給我們許多啟示。[20]有一個人請了兩三個禮拜的假，從國外來接受榮格的諮商。榮格雖然察覺到這個人真正的問題是什麼，但是擔心直接點出問題，將破壞兩個人的關係，所以沒有說出來。隔年這個人也請了假來找榮格，但諮商的過程還是沒有碰觸到問題的核心。同樣的事情反覆持續了九年之後，榮格開始反省自己的態度是不是錯了。但就在這時候，這個人在第十年告訴榮格，自己的精神官能症已經治好了。他對吃驚的榮格說，感謝榮格的耐心，用這麼長的時間、以如此迂迴的方式幫助他，讓他得以痊癒。如果榮格從一開始就點破他的祕密，他應該會因為承受不住那麼重的壓力而崩潰。因為長達十年的信賴與忍耐，他變得比以前強壯，「過去能毀滅我的問題，如今我有足夠的力量，可以與人討論了」。於是他把一切告訴了榮格。這個案例讓我們明白，公開祕密的可怕，以及其時機的重要性。

20　原註：ユング（榮格）編，河合隼雄監譯『人間と象徵　上』（《人類與象徵 上篇》）河出書房新社　一九七五。

我們在第二章介紹的，伊芙的多重人格案例也是如此。從第三人格「珍」出現、兩位「伊芙」都消失之後，她開始保守一些祕密不告訴治療師，這是非常耐人尋味的事。我認為那是因為珍開始自覺到，自己差不多該停止對西格平博士的依賴，而試著逐漸自立了。這一點對心理治療師來說，是一個極困難的問題。西格平博士覺得這些事應該全部都讓他知道，但我認為不見得如此。當一個人試圖自立的時候，我們應該容許他保有自己的祕密。兩者之間有祕密存在，不必然會破壞兩者的關係。從長遠來看，為了讓此後保持良好的關係，祕密的存在反而會帶來好的結果。作為心理治療師，我認為必要的時候應該要尊重患者的祕密，才是應有的態度。

第四章

陰影的矛盾

到現在為止，我們已經多次談到陰影所具有的矛盾性格。舉例來說，佛經對於沒有陰影的極樂世界，想像是如此單調貧乏；而對於地獄——陰影的世界——的描寫，卻是充滿色彩、栩栩如生。從這樣的對比，也可以看到陰影的矛盾。榮格說：「生命的型態如果要看起來是立體的，需要很深的影子。沒有了影子，它只不過是扁平的幻影。」[1]話雖如此，陰影破壞力之強大，是難以估算的；魏瑟爾（Eliezer "Elie" Wiesel, 1928-2016）的《夜》清楚地描繪出它的可怕。而最能表現出陰影的矛盾性格的，應該算是小丑吧！關於小丑所具有的深刻意義與功能，山口昌男的論述之精彩，讓人覺得已經道盡一切。不過，還是讓我們把焦點鎖定在陰影的問題上，來探討小丑的相關現象。

一．小丑

王與小丑

在思考小丑的功能時，以對比的方式觀察小丑與王，對我們的理解很有幫助。小丑強烈具有「陰影之王」的意義。但為什麼小丑是陰影之王？要說明這一點，首先我們必須弄清楚「王」是什麼。

遠古時代的王，必須在任何意義下都是世界的統治者。人們認為王不只統治人類的世界，同時也支配自然界。王不但在政治、軍事、立法等領域擁有絕對的權力，同時也必須是為自然界帶來秩序的絕對力量。如果是農耕民族，王必須為天氣負責（因為與收成息息相關）；如果是狩獵民族，王則必須為獵獲物的多寡負責。當這些狀態都令人滿意時，人們將一切歸功於王的力量，王成為人民感謝的對象。但事實上，現實中的王處於矛盾與夾縫之中——一方面他是絕對的、象徵性的存在，但同時也是血肉構成的人。身為一個人，他必定有缺點；就算他的缺點很少，但大自然的威力經常凌駕於人的力量之上。最重要的是，王也和其他人類一樣，必須迎接衰老與死亡。

王作為神的具體化身，居然也會衰老、死亡？這對於他所統治的民族來說，是很嚴重的一件事。於是有人構思出「王」與「王權」分離的想法。那就是說，絕對的王權會一直受到守護，但是握有王權的王一旦不再適任，其王權就會遭到剝奪，並且被迫讓位給後繼者。這種情況最戲劇化的例子，應該是弗雷澤（Sir James George Frazer, 1854-1941）所描述的，透過殺死現任的王來舉行的王位繼承儀式。[2]舉例來說，西魯克人（Shilluk people，又稱 Chollo）的王擁有許多位妻子。一旦王的體力無法再滿足所有的妻子，她們就會向長老報告。長老們會向王宣判他的命運，搭建一座行刑用的小屋，把王和一位妙齡少女一起關進去。王以少女的膝蓋為枕而橫躺。跟著長老們將小屋的所有出入口完全密封，不給他們任何食物或飲水，兩人最終因飢餓與窒息而死去。西魯克人認為，在王的肉體尚未完全衰老之前將他殺死，新任的王將可以繼承健全的靈魂。弗雷澤的《金枝：巫術

1　原註：Jung, C. G., *Two Essays on Analytical Psychology*, C. W. 7, Pantheon Books, 1953.
2　原註：フレイザー（弗雷澤）永橋卓介訳『金枝篇』一～五　岩波書店　一九六六～六七。

與宗教之研究》（*The Golden Bough: A Study in Magic and Religion*）中，記載了許多各地殺王的習俗。以「如何守護神聖王權」這一點來說，我們可以從這裡看到原始民族的「智慧」。

就像這樣，古代的王同時具有無與倫比的絕對性，以及「賭命」的危險性。為了讓王能持續享有特權並避開危險，就需要有人扮演「代罪羔羊」的角色。最單純的狀況，是找人擔任王的替身。王必須主持、體現「死與重生」的儀式，但他自己並不去死，而是找一個人代替他死。還有另一種情形。照理說王既然是絕對的存在，就不會犯任何錯誤，也不可能接受懲罰。但是在現實中，國家確實會因為天地異變而蒙受災害。如果說王是一切事物的統治者，那這些災害只能看作是王的失敗，很難有其他解釋。為了消除這個矛盾，王的身邊就必須有人代替王接受懲罰，扮演失敗者的角色。小丑存在的必要性，就來自這裡。小丑所扮演的，是王的無限絕對性的陰影。也就是說，為了讓自己保持是完全光明的存在，王切割了自己的陰影的部分，而製造出「小丑」這樣的人格。

但事實上，背負王的陰影、扮演代罪羔羊角色的小丑，內在具有難以衡量的巨大意義。陰影的矛盾就在這裡。一個王國要作為王國而存在，必須有明確的疆界；如果說邊界的內部是「王土」，那麼其外部就是「惡」的所在。不服從王的絕對性的人，就是惡人。但是以現實的層面來說，大部分的王國若是不與鄰國交易，是不可能繁榮的。所以，王一方面對人民宣稱所有的鄰國都是惡人的住所，一方面卻不得不試圖與鄰國接觸。這就是小丑一展身手的地方。因為他們是「蠢蛋」，所以被允許與惡來往。這個蠢蛋與鄰國人交際的時候，並不做任何善惡的判斷；而交際的結果，也為國王帶來利益。據說古時候的俄羅斯，經常起用外國人擔任小丑。[3]那是因為他們與超越王國秩序的世界，是可以互通的。

小丑可以暢行於「兩個世界」。後來出現在戲劇舞台上的小丑們，都穿著黑白或紅白條紋的戲服，正象徵了他們是串連兩個世界的存在。而且，我們無法簡單地判別他們是黑或是白。

小丑為一個王國與其周邊地區及鄰國建立起聯繫，這件事實非常清楚地呈現出小丑的存在意義。而且，對於該王國的規範、思想等等抽象領域來說，小丑也扮演了同樣的角色。一個王國的統一性，以割捨矛盾為前提。規範造就統一；而為了維持規範，經常需要犧牲事實。只要牴觸王國的規範，不論是什麼樣的事實，人民都必須視而不見。這樣的事若是持續一再發生，遭到忽視的真相將逐漸擁有力量，最終累積成足以推翻王國的能量。這種時候，小丑扮演了最早發現並揭露真相的角色。這是無比危險的事；打破王國的規範、如實地說出真相，很可能會丟掉性命。但那如果被當成一個蠢人所說的蠢話，就可以被原諒。或者，就算人們知道他說的是真話，但因為那是「小丑的真話」，所以被容許。

請幫我穿上條紋的衣裳

請給我說出內心話的自由

於是我將徹底洗淨

3 原註：Willeford, W., *The Fool and His Scepter*, Northwestern University Press, 1969.

據說這是一位厭世的貴族所說的話。[4]「條紋的衣裳」，是唯一能保護自由說真話者的制服。作為道出真相的人，小丑發揮的作用難以想像地巨大。王國是由不可撼動的規範整合而成的；而小丑讓人們知道超越規範的真實之存在，並且帶來價值的顛倒。世上一切的事物，原本是多樣、多價值的，但我們人類為了讓它們「統一」，而切割、捨棄了許多事物的多樣性。而且安住在這個世界的人，從不試著去了解事物的多樣性，只相信他所知道的單層片面的世界結構是唯一的真實。小丑經常表演的特技「空中翻跟斗」，就象徵了這種對空間的顛倒與破壞。小丑的一句話所具有的威力，可以讓國王變成蠢蛋，將愚人拱上王座。因為小丑的一句話，人們可以直覺到僵化世界的「敞開」，引進新的價值觀，並感受到創造性的生命能量。推翻既存的安定感，甚至會危及王者的地位，但是小丑的逗笑，平衡了這樣的危險性。「笑」是小丑唯一的武器，但也是最有力的武器。一旦失去了「笑」，小丑將丟掉性命。

我們在第一章曾稍微提到「愚人祭」的事。如果將「愚人祭」與小丑扮演的角色合併思考，就能清楚地看出它的意義。這個盛行於中世紀歐洲的狂亂祭典，其存在的意義超越了單純淨化與壓力釋放的消極意涵。在「愚人祭」裡，人們選出一位下級的僧侶擔任「愚人大主教」，進行胡說八道的講道，主持搞笑胡鬧的彌撒。這樣的愚行毫無節制，「根據一一九八年的一份報告指出，當時在巴黎聖母院舉辦的割禮祭典，『有太多醜陋可恥的行為。不只是低俗的玩笑，甚至還發生了流血的醜聞』，玷污了那神聖的場所。」[5]這種下級僧侶的胡鬧非常受到市民們喜愛，甚至願意付費來觀賞，最後更紛紛加入這場祭典。

在基督教「統一」之下的中世紀，因為「愚人祭」這種極端的地位顛倒，而出現了非日常的空間。參加愚人祭的人們，或許只是沉浸在它荒謬的狂熱之中，但弔詭的是，這個祭典褻瀆神明的特性，反而讓人們在無意識中體驗到「對神聖事物的敬畏」（Numinose，「努祕」）。愚人祭所展現的，完全是陰影的世界，但透過這樣的表演，人們所進行的卻是死與重生的祕密儀式，而其目的是為了恢復宇宙的整體性。因此理所當然地，甚至連教皇的權力，也無法簡單消滅這個規模龐大的愚者的祭典。後來當愚人祭在歐洲逐漸消失之後，「愚人」轉入戲劇界，以小丑的身分重生並繼續活躍。[6]從這一點來看，小丑是永生不朽的。

王代表了規範與秩序，而小丑則帶來其規範所無法治理的新的真實。如果王沒有包容新真實的力量而固執於舊有的框架，那麼小丑就有性命的危險。這時候如果以新的真實為公開訴求，對王施加壓力，甚至推翻王以進行改革，那麼小丑就不再是小丑，而成了英雄。歷史上，一旦舊有的制度失去魅力，人們開始覺得它是妨礙發展的枷鎖，就一定會有英雄出現以反抗舊制度。一開始，英雄

4 原註：莎士比亞《皆大歡喜》中，貴族維克斯的台詞（第二幕第七場）。

5 原註：ユング（榮格）「トリックスター像の心理」（〈Trickster 形象的心理〉）。收錄於ラディン（Paul Radin）ケレニィ（Karl Kerenyi）ユング著，皆河・高橋・河合訳『トリックスター』（《Trickster》）晶文社 一九七四。

6 原註：關於這一點，山口昌男的「道化の民俗学」（〈小丑的民俗學〉）有詳細的論述。

與王的戰鬥是很辛苦的；但如果他能推翻舊王，就會成為「新王」。傷腦筋的是，「從戴冠的瞬間開始，王就開始喪失其英雄的力量。」[7]也就是說，英雄一旦成為王，就會盡全力維護自己所建立的體制，結果落入與舊王相同的模式。

在日本最受一般民眾歡迎的讀物，非「太閤記」[8]莫屬。豐臣秀吉這個人物在其一生當中，扮演了小丑、英雄、新王、舊王等等，所有我們在這裡討論過的角色。人們之所以覺得太閤記有趣，原因或許就在這裡。豐臣秀吉一生數次改名。在舊名「日吉丸」的年少時期，他充滿了小丑的性格。後來他逐漸成長，成為建構新時代的英雄，最後更成為一統天下的王。豐臣秀吉在成為王以後，身邊也豢養了「曾呂利新左衛門」等小丑。而當他年華老去，演出的正是老王的悲劇——在失去英雄特質的狀態下，迎向死期。雖然他自己沒有直接被新的英雄殺死，但是德川消滅了他的兒子。一個人的一生能以如此戲劇化的方式呈現這樣的週期，或許就是太閤記廣受歡迎的理由吧！

英雄有可能因為成為王，而嚐到老王的悲劇滋味，但小丑如果一直保持是小丑，則是永生不朽的。當然，小丑無數次面對死亡邊緣。他遭人拳打腳踢，被擊倒在地上，但總是會再站起來。韋爾佛（William Willeford, 1929-2015）觀察到一個現象：歐洲的不倒翁玩具，大多做成小丑的模樣。[9]的確，不倒翁就算被打倒了，也會立刻站起來。韋爾佛從兩個觀點，來說明歐洲的不倒翁為什麼做成小丑的模樣。第一作為犧牲者，不倒翁是愚笨的；第二，則是「客觀性」（objectivity）的觀點。不管是誰要打他，不倒翁都無法閃避，只能被打倒在地。從這一點來看，他的確是個愚笨的犧牲者。現實中的小丑大多如此；他們經常遭受拳打腳踢，卻從不閃避。但是，韋爾佛所說的客觀性又是怎麼回事？不倒翁會正確反應我們打他的力量。用力打他，他就「砰！」地一聲倒下；輕輕戳他一下，他就只會稍微傾斜搖晃。不倒翁的反應不會有任何扭曲——這就是韋爾佛所說的客觀性。還有另一種客觀性——不論不倒翁受到多少的外力而倒下，都會有同等份量的反作用力將他扶正，最後他還是不偏不倚，站得筆直。小丑既不想稱王，也無意成為英雄。小丑只是順其自然地行動，結果總是能取回平衡。不倒翁與小丑的結合的確有趣，但日本的不倒翁做成達摩大師的形象，又有什麼樣的意涵？將兩者合併起來看，更耐人尋味。我認為，或許達摩大師的不動性是很重要的因素。面壁九年，什麼事也不做、就只是坐在那裡的達摩大師，以韋爾佛所解釋的意義來看，也可以說是滿足了不倒翁「犧牲者」與「客觀」這兩個屬性。透過不倒翁的形象作為媒介，擅長翻跟斗特技的小丑，與坐著不動的達摩大師結合在一起，這樣的事實也顯示出小丑的矛盾性格。

小丑與女性

韋爾佛關於小丑與女性的探討，也非常引人深思。[10]西方喜劇的結局，多半以主人翁的結婚收

7 原註：Willeford, ibid.
8 譯註：「太閤記」泛指各種豐臣秀吉的傳記。最早的《太閤記》是日本儒學家小瀨甫庵所寫作，於十七世紀出版；後來的作家創作不同版本的豐臣秀吉傳記時，也都沿用這個標題。
9 原註：ibid.
10 原註：ibid.

場。年輕男女情侶努力克服種種阻礙，終於實現他們的夢想，得以結成夫妻。在這奮鬥的過程中，小丑有意或無意地給予主人翁各種幫助，並且為觀眾帶來許多歡笑。但是大多數的場合，在戲劇落幕時，這樣的小丑仍然保持單身。為什麼小丑無法結婚？關於這一點，首先可以想像的是，小丑同時具有男女兩性的性格。小丑既不單純是男性，也不是女性；他兩者皆是，也兩者皆不是。我們才剛覺得小丑的行動粗魯，又突然看到他展現優雅高貴的舉止。小丑弱不禁風，力量再微小的人都可以輕易地打倒他；但同時他又具備敢於挑戰任何強者的勇氣。事實上在某些戲劇裡，小丑就真的同時扮演男、女兩種角色。義大利喜劇中的著名丑角阿爾雷吉諾（Arlecchino），在戲中同時經營兩家商店。他一方面是服裝店的女主人，但出現在隔壁的飲料店時，又變成男性的店主。來店的客人中有一位帕斯卡里耶洛（Pascaliero），愛上了身為女店主的阿爾雷吉諾，於是就像喜劇一定會有的劇情，展開了一連串的大混亂。這一段戲，精彩地呈現出小丑兼具男女兩性的特質。在許多戲劇中，小丑要不是經常穿著女性的服裝，就是他本身的小丑服兼具兩者，男女莫辨。因為這樣的性格，小丑不需要女性作為對象。即使有時候戲中出現男女成對的小丑，他們也都是同等的存在，很少是兩個性格對立人物的組合。

在莫札特的歌劇《魔笛》裡，小丑結婚了；這是非常稀有、非常特別的安排。英雄塔米諾通過了年老智者薩拉斯妥的試煉，得以與帕米哪結婚；而塔米諾的侍從，小丑帕帕基諾，也獲得了配偶帕帕基娜。但是，小丑的結婚與英雄的結婚又有什麼不同呢？這齣戲中表示得很清楚。帕帕基諾與帕帕基娜在討論結婚後的生活時，說到生下來的小孩，要依序取名為帕帕基諾、帕帕基娜、帕帕基諾、帕帕基娜……無限地循環下去。也就是說，他們的小孩將會是他們的分身，就像他們自己就是他們父母的分身一樣。英雄結婚所生下來的小孩，雖然也會接續雙親的腳步，但是每一個都有自己的個性，其中說不定會有反叛自己父親、個性極端強烈的人。相對地，帕帕基諾與帕帕基娜生下來的孩子，全部都和爸爸媽媽一樣，也是帕帕基諾與帕帕基娜。小丑始終是小丑。

當我們把「小丑終究是小丑」當作一件悲哀的事來看，很自然就會產生「無法實現的小丑的戀情」這樣的戲劇主題。小丑也會談戀愛。絕大部分的情況，他愛慕的對象對他來說是高不可攀的年輕女性，有時候甚至是公主。這樣的戀情是不可能實現的。卓別林的電影經常出現這樣的主題。小丑卓別林對清純的女性獻上無私的愛，但是卻得不到回應。

在博馬舍（Pierre-Augustin Caron de Beaumarchais, 1732-1799）的喜劇《塞爾維亞的理髮師》中，因為丑角費加洛的努力與智慧，英雄阿瑪維瓦伯爵成功地結婚了。但是在這齣戲的續篇《費加洛婚禮》中，費加洛自己也結婚了；因此他不但要承續前篇的小丑性格，還必須成為英雄。這時候凱魯比諾這位少年登場，原先費加洛所扮演的小丑角色，相當程度地轉移到他身上。凱魯比諾少年以歌唱的方式向伯爵夫人訴說他無法實現的愛慕時，儼然就是前述的主題。此外，歌劇中凱魯比諾少年的角色是由女性歌手（次女高音）擔任，也很耐人尋味。這一點與小丑男女兩性兼具的特性有關。

我們可不可以這樣想呢？——小丑之所以無法與女性結婚，是因為他本身是自給自足的，不需要相反的另一方。這種完全的存在，以榮格的概念來說，相當於先前我們討論過的「自性」。實際上小丑的存在從低到高，廣泛地分佈在各種層次。高層次的小丑，可以說非常接近自性的形象。在喜劇中，年輕的主人翁必須完成一項任務——他必須吃盡苦頭、挑戰困難、從中成長，最後獲得一位女性。相反地，小丑從頭到尾都沒有改變，一直保持他原來的樣子。但是，真正的救主不就是如此嗎？自己的變化不是他在意的問題。自己怎麼樣都無所謂，有待幫助的年輕人的幸福，才是他關心的焦點。

仔細想想，其實我們也可以把基督視為小丑。[11]耶穌基督剛出現的時候，在許多意義下具備了小丑的特質。他像流浪藝人一樣，在當時受到僵化習俗束縛的世界中四處旅行，以出乎意料的方式為世人揭示非日常的世界，最後還被戴上荊棘編成的王冠，受盡世人嘲笑。這樣的基督，具備了許多小丑的特性。但是當基督教確立成為一種制度、基督被視為「王」的時候，他變成了什麼樣的救世主？「王」總是忙著制定各種規則，忘了「救助人們」這件事。「王」高高在上、君臨一切，卻不從下方給予人民支持。

畢卡索在二十世紀初以小丑的家族為主題，畫了許多畫作。美術評論家艾爾加（Frank Elgar）稱呼這些畫作為「『神聖家族』畫像」，他的說法非常令人贊同。[12]在《丑角家庭》（*Harlequin Family*）這幅畫裡，小丑陪在一位女性身旁。他沒有做什麼特技的動作或姿勢，而是抱著嬰兒靜靜地站著；他的夫人則對他完全信賴，專心地化妝。這是個普通而祥和的家庭。一旦登上舞台，他們就必須劇烈地跳躍、舞動，而身為不斷旅行的表演工作者，每次的移動也都非常辛苦。但是在這一刻，他們是如此平靜祥和。從前人們在拉斐洛（Raffaello Sanzio da Urbino, 1483-1520）描繪瑪麗亞與基督的《聖母聖嬰像》中，找到內心的平靜；而今天，我們有畢卡索所描繪的小丑家族。畢卡索還在另外一些畫作裡，描繪了雜技演員與小丑們的帽子。有時候我們不禁覺得，他是否有意暗示，這些帽子其實是王冠呢？小丑就是小丑，不可能是別的。但是依據觀賞者的心態不同，他看到的也可能是國王或救世主。小丑所具有的矛盾性格，也在這裡顯現。

小丑與惡

我們剛剛說，小丑的形象近似救主。但是，小丑與惡的距離也很接近。雖然小丑直白地把人們隱藏的、痛苦的真相攤開在王的眼前，但因為有笑聲作為緩衝，所以能減弱其破壞性。可是如果王國的結構太過單層化，沒有容納笑聲的空間，那麼人們就只會看到小丑的破壞性。我們在第一章已經說過，《奧賽羅》中的惡人伊阿古，與主角奧賽羅是「成對的存在」。奧賽羅光明正大、不知懷疑為何物，這種過於單層的性格，讓小丑沒有活動的空間。性格潔白如紙、不知世上有陰影存在的奧賽羅，是一位黑人；這或許是莎士比亞考量戲劇效果所做的安排吧！於是伊阿古無法再扮演小丑的角色，而成了惡棍。

有一位高中男生，擁有超乎尋常的記憶力。他無法理解一般人的心因為雜念而動搖是怎麼回

11 原註：山口昌男『道化的世界』筑摩書房　一九七五。
12 原註：Elgar, F., *Picasso*, Frederick A, Praeger, Publishers.

事。雖然高中畢業後重考一年，但大家都說他一定會考上一流的××大學。他仗著超群的記憶力，就算臨時抱佛腳也綽綽有餘，因此一直到秋天為止，都還沒有為考試做準備。這段期間，他為了賺零用錢而去打柏青哥。常去的店裡一百五十台機器的釘子的狀態，他全部都記得。每天釘子的配置若是有什麼調整或改變，他看一眼就知道，完全是職業水準。從這裡可以看出他的記憶力有多好。儘管如此，他還是沒有考上大學。那是因為，他在作答的時候，看到考場的窗子旁，有一位女性走了過去。他突然開始想像，要是這位女性突然脫光了衣服……時間就在他這樣胡思亂想的時候不斷流逝，結果他的試卷只寫了不到一半。

我認為，他極度良好的記憶力，很大一部分來自他內心的單層結構。雖然在知性方面非常優秀，但是作為一個人的情感的一面，在他的心中完全遭到忽視。不只是柏青哥，其他種類的賭博他也很厲害，這反映出他割捨情感的能力很強。他的自我是他無感情的、單層世界的王，以完全的規律統治著他的世界。但是在最重要的考試當中——這種事經常發生——不住在他統治的世界的人，也就是那位女性，進入了他的視線。當那位女性引起他心動的時候，王立刻變身成為小丑，而且是層次很低的小丑，反映出他的王國的單層性。也就是說，這個小丑想得到的，只有脫女生衣服這種事而已。一切井然有序、記憶清楚分明的王國，突然被小丑剝去外殼，硬是被塞進非日常的世界。他的自我無法承受小丑的侵入，而進入混亂的狀態。

進入他單層世界的小丑所造成的混亂，其後仍持續下去。這位高中生又重考了一年，終於考上了他希望的學校，也順利畢業了，但後來他卻犯下了殺人的罪行，在新聞媒體上喧騰一時。他在殺

《丑角家庭》　二十世紀初，畢卡索喜歡以馬戲團或小丑作為繪畫的主題，這幅畫是當時的作品之一。畢卡索並沒有將畫中的小丑描繪成雜技的表演者，而是一位過著閑靜家庭生活的人。若是想到基督與小丑暗中的關聯，這幅畫甚至給人現代神聖家族的感覺。

巴勃羅・畢卡索《丑角家庭》　1905 年。J. C. Eisenstein 所收藏。

了人以後表示，自己本來並不是會做壞事的人，和殺人這種事是無緣的。他甚至還說：「感覺就像走在懸崖邊的山路，突然一腳踩空一樣」。當然我們可以說：「殺了人的傢伙，還大言不慚地說什麼不負責任的話！」，但這應該是他**真實的感覺**。如果說惡作劇讓他一腳踩空的是他內心的小丑，那麼我們就不得不說，小丑是可怕至極的東西。當然，我們不能因此就說小丑是惡的化身。小丑本身是「客觀的存在」，既不是善，也不是惡。重要的是我們如何接受小丑的影響。過於單層化、失去彈性的內心結構，會讓小丑的作用完全變成破壞性的力量，使小丑趨近於惡。

在有關小丑的評論方面，中橋一夫的《小丑的宿命》（『道化の宿命』）是一部先驅性的著作。他透過莎士比亞的戲劇，探討了小丑與惡的問題。中橋將莎士比亞戲劇中的小丑分成三類：笨小丑（dry fool）、狡猾的小丑（sly fool）、以及苦澀的小丑（bitter fool）。笨小丑是觀眾與其他劇中人物嘲笑的對象，自己並沒有任何諷刺的意圖。相對地，狡猾的小丑有強烈的諷刺精神；看起來愚蠢的言行，其實是在諷刺他人。若是諷刺的意圖再往上增強，就成了苦澀的小丑。他的諷刺太過直接強烈，讓人感到苦澀，甚至有時候笑不出來。中橋認為，莎士比亞早期的作品中經常有笨小丑登場，但後來他諷刺的意味越來越濃，最後甚至跨越了苦澀小丑的界線，讓人完全失去笑意。莎士比亞的小丑主題就在這時候結束，接下來是悲劇的登場。

中橋的分析，與我們所探討的小丑與惡的關係，有很大的關聯。從這個觀點來看馬克吐溫的作品——稍後我們還會提及——是非常有趣的一件事。

二 · Trickster

Trickster 這個字有很多意思，可以翻譯成搗蛋鬼、騙子、詐欺師……等等，但我們不妨就將它視為活躍在神話與傳說世界中的小丑。世界各地的神話、傳說，有許多以 Trickster 這種充滿小丑性格的存在作為主人翁。「對人類來說，Trickster 具有珍奇的魅力；從文明的肇始就是如此，而且顯然會一直到永遠。」[13] 現在就讓我們透過各式各樣的例子，來探討這一點。

Trickster

Trickster 活躍在許多神話與傳說之中。談到我們所熟悉的名字，可以舉出北歐神話中的洛奇（Loki）、希臘神話中的荷米斯（Hermēs）、埃及神話中的賽特（Seth），以及日本神話中、入侵高天原的素戔嗚尊。而在民間傳說的世界裡，德國的「搗蛋鬼提爾」（Till Eulenspigel）非常有名，日本也可舉出著名的彥一與吉四六。此外，根據人類學家的研究調查顯示，在非洲以及北美的原住民之間，Trickster 神話佔有非常重要的地位。

關於 Trickster，有些什麼樣的故事？首先讓我們來看一些例子吧。在保羅・拉丁（Paul Radin, 1883-1959）所採集的北美原住民、溫納貝戈族（Winnebago People）的 Trickster 神話中，有這樣

13 原註：Paul Radin, Karl Kerenyi, *Trickster*. 前引書。

的故事：

有一位酋長是個 Trickster，為了出戰而準備。首先他舉行一場宴會，要參加的人「帶四頭駝鹿過來」。酋長把鹿架到火上烤，吃到肚子都鼓出來後，離開眾人回到自己的帳篷。客人們覺得奇怪，跟過去一看，發現酋長正抱著女人睡覺。看到這裡，這個故事好像沒什麼特別的地方，但是對溫納貝戈族的人來說，這可是個亂七八糟的事。首先，不論發生什麼事，溫納貝戈族的酋長都不可以親自出戰，所以這故事從一開始就破壞了規矩。再來，客人還在的時候，主人是不可以離席的；男性在上戰場前，也禁止與女性交媾。這個故事裡的 Trickster 原本就沒有上戰場的意思，只是放出假消息，騙來一頓大餐。也就是說，這個 Trickster 完全是個騙子，是打破規矩的人。只不過他若無其事地做這些事的樣子，實在惹人發笑。

這個 Trickster 出去旅行，捕到了一頭野牛。正在用右手料理的時候，他的左手突然抓住那隻野牛，主張那是他的，要右手把野牛還給他。也就是說，這個人的右手與左手是分別的兩個人格，互相為了搶奪獵獲物而爭鬥。兩隻手打得不可開交，左手受了傷而血流不止。先前我們曾經說明過，雙重人格的現象如實地顯示出存在於自己內心的對立，但這個左、右手互相獨立而彼此爭鬥的情況，則更為激烈。很多時候 Trickster 的身體的一部分，會以獨立的人格行動；在這些神話故事裡，尤其是屁股與陰莖的獨立性特別顯著。

Trickster 用欺騙的方式——這是他的拿手伎倆——抓到許多野鴨。他把鴨子埋在火堆裡，決定在它們烤熟前先睡一覺，並且要他的屁股擔任衛哨，看守那些野鴨。就在他睡著的時候，有幾隻小狐狸聞到烤鴨的味道跑了過來。小狐狸們偷偷摸摸地走近，突然不知從何處傳來放屁的聲音「噗！」的一聲，他們嚇得落荒而逃。過了一會兒，小狐狸們又來觀察情況，看到Trickster正在睡覺，於是就安心地往烤著鴨子的火堆靠近。但這時候突然又響起屁聲，小狐狸們又連忙逃走。這樣的事重複了三次，但第四次的時候，不管有多少「噗！噗！」的屁聲，小狐狸們都已經不害怕了，把鴨子吃得一乾二淨。屁股拼了命地大聲放屁，但是沒有任何效果。後來Trickster醒來，發現鴨肉全部被偷走了。他很生氣，怪屁股沒有盡到看守的職責，決定懲罰它。他拿起一塊燒紅的木頭去燒燙屁眼，但結果因此燒傷而大叫的，當然是他自己。「好燙！好燙！好燙！這怎麼受得了！皮膚好刺痛。大家是因為這樣，所以叫我Trickster嗎？」——他說。這件事實在很有趣。Trickster想要傷害他人（屁股），結果傷到的是自己。因為感覺疼痛，才察覺到自己原來是Trickster。我們或許可以說，疼痛的感覺，是一個人意識到自己的開端。

一般來說，Trickster的外型千變萬化，經常改變裝扮。溫納貝戈族的Trickster更為極端，變身成為女性。根據故事的描述，他用駝鹿的肝臟為自己做了女性的生殖器，用駝鹿的腎臟做了一對乳房。接著他穿上女裝，就變成女人了，還與某個村子的酋長的兒子結了婚；不只結婚，還生了三個兒子，可見是真的完全變成女性。但是後來他又恢復男兒身，回去找自己的妻子。前一節我們談到小丑兩性兼具的特質，並且介紹阿爾雷吉諾這位著名的丑角在戲裡穿上女裝，扮成女性。但是在神話的世界裡，Trickster不是改變裝扮而已，而是真的變成女人。於是我們可以了解，Trickster是如何超越日常世界秩序的存在。關於Trickster變身為女性一事，梅特曼（Philip Metman, 1893-

1965）提出了這樣的解釋[14]：變身為女性，代表 Trickster 軟弱的自我完全被阿尼瑪佔據；而生下兒子，則可以視為嶄新自我的萌芽。

後來 Trickster 回到家鄉，與當地的動物建立各式各樣的關係。他和水貂與郊狼特別親近，彼此兄弟相稱，但是經常被牠們騙得團團轉，充分展現出一個笨蛋的樣子。除了愚蠢之外，再加上他毫不克制欲望、完全隨性的生活態度，讓我們打從心底、真心地笑出聲來。就像榮格所說的，Trickster 這些粗野又原始的行為，可以說「反映出最早期人類意識尚未發展的階段。」[15]但是這位 Trickster 後來也想辦法報復了郊狼與水貂，逐漸變得像我們所知道的「人類」。

溫納貝戈族的 Trickster 神話，讓我們感受到 Trickster 的破壞性、反道德性、意外性，以及顯現在這個形象中的強大生命力。接下來讓我們來看看日本民間傳說中的 Trickster、吉四六與彥一的故事[16]，對 Trickster 做進一步的考察。

村子裡一位有錢有地位的大老爺，獵到了一隻野鴨，煮了一鍋鴨子湯邀請吉四六來共享。吉四六滿心期待地赴宴，結果鴨子湯一端上桌，只有兩、三片鴨肉，其他滿滿的都是蘿蔔。吉四六要回家之前跟大老爺說，自己家的附近有許多「青首」（譯案：中文的「綠頭野鴨」），邀請大老爺和他一起去打獵。大老爺非常高興，隔天帶了很多豐盛的菜餚到吉四六家去。結果吉四六帶著大老爺走到蘿蔔田，說：「看哪！這裡有好多『青首』！」（譯案：日本有一種蘿蔔也叫「青首」）。在這個故事裡，大老爺與吉四六的關係，當然是王與小丑的關係；但是吉四六成功地騙倒了大老爺，把兩人的地位顛倒了過來。還有，故事裡吉四六與野鴨的關聯，或許也值得注目。

另外還有吉四六用欺騙的方式捉到野鴨的故事。他讓葫蘆浮在池塘裡，躲在葫蘆底下等野鴨靠過來；他還把田螺勾在釣鉤上，引誘野鴨上當。有趣的是，溫納貝戈族的 Trickster，也是用騙的方式捉鴨子。這樣的行為，與 Trickster 微弱的自我開始在無意識中萌芽的狀態，可以說是相呼應的。人在試圖確立自我的時候，會與母性形成敵對的關係。考慮到這一點，梅特曼主張鴨子是母性的象徵[17]，或許是有道理的。

吉四六和村裡的人一起上山伐木。村民們努力地採伐「椎の木」（譯案：日語唸作「しいのき」），吉四六卻只是在一旁吸菸偷懶。採伐了足夠的木材正要離開的時候，吉四六說：「『椎の木』的『椎（しい）』和『悲しい』（悲哀）的『しい』諧音，不吉利」。村民們聽了紛紛把木頭丟掉，空著手回去了。於是吉四六把那些木材全部撿起來帶回家。村民們看到了就罵他：「你不是說這種木頭不吉利嗎？」吉四六回答：「這些不一樣喔！這些『椎の木』的『椎（しい）』是『嬉しい』（歡喜、高興）的『しい』，所以是好彩頭」。

這個故事清楚地顯示出 Trickster 靈活、不拘泥於單一意義的特性。村民們聽到吉四六說「椎

14 原註：Metman, P., "The Trickster Fugure in Schizophrenia", *Journal of Analytical Psychology*, Vol. III, 1, 1958.
15 原註：榮格，前引書。
16 原註：関敬吾編『一寸法師・さるかに合戦・浦島太郎——日本の昔ばなし III——』（《一寸法師、猿蟹大戰　浦島太郎——日本的民間故事 III——》岩波書店　一九六五。
17 原註：Metman, ibid.

是悲哀的意思」，馬上只認定這種說法，沒想到其他的可能性，而受到單層性的束縛。但是對Trickster來說，現實是多樣化的；「椎」可以同時有「悲哀」與「歡喜」兩種屬性。吉四六利用自己的靈活性成功地騙倒了村民們。接下來，為各位介紹另一個日本的民間故事。

有一次，大作（高知縣民間故事中的Trickster）到處跟人說，山上可以聽到「佛法僧」[18]的啼聲。村子裡的大老爺想要聽佛法僧的啼聲，於是叫人開了一條寬敞平坦的路，親自到了山上，卻只聽到「咕咕咕咕」的聲音。大老爺把大作找來，問他這是怎麼回事。大作說：「佛法僧的啼聲本來就是『咕咕咕咕』啊！」大老爺說：「那是山鳩！」把大作痛罵了一頓。但是就因為這件事，從此這座山有了一條好走的山路。

這個故事有一個典型的主題——有錢有地位的人被Trickster的詭計所騙，而遭到他利用。而且它還顯示出Trickster連結中心與週邊的功能——這一點我們在談論小丑的時候也曾提到過。從大老爺所居住的地方到位於週邊的山上，築起了寬闊平坦的道路，就是這樣的連結。大作打出了「佛法僧」這張王牌，驅使大老爺行動。這裡的「大老爺」也就是「王」，是人類世界的中心，也是最高的權威；其他的人想要驅動他出力做事是不可能的。但是「佛法僧」這種鳥兒可以。象徵性的王具有君臨人類世界與自然界的絕對性，但現實中的王當然不可能是絕對的。小丑很清楚這個祕密。他表面上尊重王的絕對性，背地裡卻想方設法要利用王的力量。成功做到這一點的Trickster，在不為人知之處找到能夠驅使王行動的事物——在這個故事裡，就是「佛法僧」這種鳥。

然而在這個故事裡，大作被大老爺痛罵了一頓。而且雖然我說，大作耍了一點心機，讓大老爺為大家做事，但那也很可能不是什麼詭計，說不定大作真的相信山鳩的啼聲就是佛法僧的啼聲。這種事隨著情況不同，Trickster 的存在方式也會有很大的差異。比較不好的情況是，大老爺知道了大作到處跟人說聽到佛法僧啼聲的事，先派人去查出真相，大作因此受到懲罰。如果是這種情形，那麼 Trickster 除了稍微引起一些騷動外，不會帶來任何結果。最糟的時候，Trickster 還可能因為遭受處罰而喪失性命。另一個情況是，大作真的相信山鳩的啼聲就是佛法僧的啼聲。這種時候 Trickster 在完全無意識的狀態下，完成了創造性的活動。而在我們轉述的這個故事裡，大作知道「王」的弱點，也明白以佛法僧作為幌子的意義；他導演這齣戲，原本就是以開闢一條山路為目的。這種時候與其說大作是個 Trickster，還不如說是更接近英雄的形象。Trickster 的存在方式，從單純的散佈謠言到英雄式的行為，廣泛地分布在各種階段。

現代的 Trickster

上一節，我們談論了活躍在神話與民間傳說世界中的 Trickster。但實際上，Trickster 並非只存在於遙遠的過去；即使在我們的時代，他們也絲毫沒有失去生命力。從事心理治療這個行業的人，經常會在諮商室中，遇見現代的 Trickster。但是，就像 Trickster 本身的性格原本就無法單純地掌

18 譯註：這裡所說的「佛法僧」是一種鳥，學名是 *Eurystomus orientalis*，又稱三寶鳥、山鶻哥。據說這種鳥在夜間森林裡的啼聲「but po so」，很像日語的「佛法僧」。但 1935 年有觀察者發現，「but po so」的啼聲其實是一種貓頭鷹發出的，並不是來自「佛法僧」這種鳥。

握，現代的 Trickster 所涵蓋的意義也非常廣泛，需要很細心的分析。

首先，一個人只是在某個時候發揮了 Trickster 的功能，還是已經與 Trickster 的原型同化？這一點必須區分清楚。如前所述，小丑、或說是 Trickster，在創造性的活動中佔有重要的角色。從這一點來看，一個人若是希望以創造性的方式度過其人生，就不能與自己內心的 Trickster 失去接觸。之前我們已經看過許多例子：急著與「王」或「英雄」同化的人，將失去其小丑的性格；這樣的人將失去彈性，並且充滿了危險。儘管如此，我們也不應該與 Trickster 完全同化。我們可以依據時機或情境的需要而扮演 Trickster 的角色，但那絕不表示我們必須完全變成一個 Trickster。與 Trickster 的同化程度越高，一個人對自己的行為就越缺乏意識，其行為在一般人的眼裡看來，呈現出病態的一面，就像那位左手與右手互相爭鬥的 Trickster 一樣。如果在當事人的內心、或是其周遭的人當中，能夠出現與 Trickster 的行為相對決的「王」，那麼 Trickster 造成的破壞就能導向新秩序的發現，而成為創造性的力量。關於這一點，讓我們舉例說明。

榮格派分析家普勞特（A. Plaut）曾經發表過一位與溫納貝戈族 Trickster 極度相似的，邊緣型思覺失調症（borderline schizophrenia）患者的案例。[19]這位患者是三十幾歲的男性，已婚並有兩個孩子（後來與妻子分居）。他總是穿著髒兮兮的衣服，滿臉雜亂的鬍渣。這麼做的理由是，他希望人們一開始把他當成乞丐、笨蛋而瞧不起他；他想看到人們後來發現他其實是富豪的兒子，而且受過相當的高等教育時，大吃一驚的樣子。實際上雖然他在智力方面非常優秀，大學卻唸了十年還畢不了業。曾經發生過這樣的事：在大學裡考試的時候，明明那些試題他都會回答，但是他偷看別人的考卷，發現別人寫的答案是錯的。他心裡想，自己是因為看到別人的錯誤才會想到正確的答案。他覺得這樣做是作弊，所以中途放棄考試。他也曾經住進精神病院，接受胰島素的治療，但他自己表示那是「為了藉由住院而逃避徵兵，所以假裝精神異常」。他還說自己是「為了替父親製造麻煩」所以和「奇怪的女人」結婚。他去上班也是失敗連連，每個工作都撐不了多久；碰到好的職位，面試的時候卻遲到。

他所做的夢具有像幻覺一樣的、強烈的刺激性；有時候即使已經醒來，夢中的感覺還是持續。有一次他夢見與自己的右手打鬥，為了封鎖右手的動作而一屁股坐在右手上面，就這樣醒過來。這和溫納貝戈族的 Trickster，右手與左手打鬥的故事，主題是相同的。還有一次，他突然想起自己從小到大從來沒有嘔吐過，想要試試看。於是他自己催吐，而且一開始吐就停不下來，吐了滿滿一鍋。吐完他感到心滿意足，找妻子性交。他向治療師報告這件事的時候，露出滿足的表情。他還因為自己一直沒辦法哭，想要哭哭看，很認真地跟治療師商量，是應該請治療師打他呢？還是要用洋蔥燻眼睛？

他雖然結了婚，但是有很多性倒錯的傾向。他對屁股顯示出異常的興趣，不但自己用塑膠製作「理想的」屁股模型，還到處進行——用他自己的說法——「獵臀」的活動。他在擁擠的通勤電車上，如果看到覺得不錯的女性，就會靠過去摸對方的屁股。後來他甚至開始用鉛筆插入自己的肛門

19 原註：Plaut, A., "A Case of Tricksterism Illustrating Ego Defenses", *Journal of Analytical Psychology*, Vol. IV, 1, 1959.

自慰，沉溺其中無法自拔。這種時候他會幻想自己是女性。這一點與 Trickster 會暫時變為女性的現象，也是一致的。

普勞特的記載與描述更為詳細，但是讓我們引述到這裡就好。就算如此，相信這位現代 Trickster 的行徑，已經夠讓讀者們吃驚了。關於這位患者與家人的關係，普勞特指出，他的母親對小孩沒有特別的感情，尤其是欠缺身體的接觸。根據患者父親的說法，他的母親有性功能障礙，性慾十分低下。他的父親雖然愛他，但是關係頗為異常。一直到患者的青年期為止，父親不但喜歡和他同床睡覺，還喜歡和他跳舞。而且，如果他對其他任何人表示親近，他的父親就會顯示出強烈的嫉妒。當然，我們無法立刻斷定這樣的親子關係就是形成患者症狀的原因。無論如何，我們不難想像，這位患者的治療極度困難。閱讀 Trickster 的神話很有趣，可是一旦在現實中遇到這種程度的 Trickster，心理治療師也只好舉雙手投降。想要從這樣的 Trickster 身上引導出具有創造性的結果，實在是太困難了。

至於那些不到上述病態的程度，還算在「正常」範圍內，但是經常為人們帶來困擾的 Trickster，幾乎從來不曾出現在我的諮商室裡。換句話說，這樣的人從來不覺得自己有什麼不對、有什麼需要改變。相反地，他們認為自己總是為他人著想、為他人服務，而覺得驕傲。他們經常拿道聽途說的片面資訊，自己加油添醋後告訴別人。聽的人當時高高興興地接受他的忠告，事後才發現他傳達的資訊是不完整的，他的建議因此失去意義。另一方面就算內容不完全，祕密被他洩漏出來的人也會生氣。Trickster 的行為對人們所造成的，只不過是困擾而已，但他本人感覺良好，認為那是出於自己的熱心善意。如果他說的話全部是胡扯也就還好，問題在於，他總是能從某個地方聽到不為人知的祕密——Trickster充分具有這樣的才能——所以帶來許多麻煩。說到這裡，我們必須說明一下Trickster與共時性的關聯。

榮格注意到，不論是自然現象或心理現象，有時候在彼此沒有因果關係的現象之間，會發生具有意義的、偶然的一致。所謂的「共時性」（synchronicity），就是榮格為了說明這種現象所提倡的概念。換句話說，榮格明確地承認，這世上存在著因果律無法說明的事。[20]以Trickster為例，比如有兩個人在進行密談，自以為絕對不會有人聽到，但偶然地Trickster剛好在隔壁房間，聽到了他們的祕密。又比如兩個怕關係曝光的人，深思熟慮後選了一家不會有熟人去的咖啡廳密會，結果Trickster意想不到地出現在同一個地方。當然，所有的人都有可能偶然經歷這樣的事。但是，「Trickster碰到這種事的機會總是比其他人多」這一點，實在很難當作是單純的偶然。因此，許多Trickster比別人知道更多「鄰人的惡」。如果能善用這一點，或許能取得俗世的成功，但是Trickster又經常偶然犯下莫名其妙的錯誤而失敗。以結果來說，他始終只是一個製造麻煩的人。或許是因為Trickster的生活方式，實在太過接近無意識，因此經常被捲入無意識所佈置的共時性現象吧！

20 原註：關於共時性的問題，希望讀者們能參閱榮格與物理學家Wolfgang Pauli的共同論述。ユング（榮格）パウリ（Pauli）河合・村上訳『自然現象と心の構造——非因果的連関の原理——』（《自然現象與心的結構——非因果性關聯的原理》）海鳴社 一九七六。

現實中的個人若是完全與 Trickster 同化，是一件危險的事。但我們若是能具備一些 Trickster 的特質，對於生存、生活來說是一件好事。以這個意義來說，Trickster 在現代人的夢中十分活躍。接下來我們將看到的，是一位四十幾歲女性所做的夢。

夢：（夢的前半段，不知道正在哪裡聽課的時候，授課的老師突然露出調皮的表情說：「狼來了！」）我自己一個人往另一個方向回家。鋪著榻榻米的房間四周的外廊，以玻璃格子門隔開。我拉開格子門，打算從那裡離開。感覺像是個寺廟的房間。好像有什麼躺在那兒。仔細一看是一隻白色的小狼，我心想，你可不要嚎叫啊！前方還有另一隻小狼，耳朵尖尖的、毛色混著灰與白。牠的耳朵是灰色的，眼神很銳利，這一隻好像比較活潑。兩隻都坐得端端正正，看著我這邊。我跟兩隻小狼胡亂說了幾句話，搞得牠們滿頭霧水、一臉茫然。我摸摸牠們的頭，後來又拍了一下牠們的頭，告訴牠們：「如果你們好好看守，就會結出很多桃子來喔！」兩隻都很乖。我急急忙忙往外走，從外面把玻璃門緊緊關好。我怕要是被咬就慘了。跟著我就下山了。

在山路上遇到了從山下走上來的旅人，我知道她其實是母狼變身而成的。這旅人跟我打了聲招呼，問我：「路上有沒有遇到狼？」如果我表現出軟弱的樣子，她就打算把我吃掉。我告訴她：「當然遇到了！還一次來了兩隻。我把牠們搓成兩個肉丸子，一口一個，就這樣吃掉了。好好吃啊！」一邊說，一邊用手掌做出搓丸子的樣子。跟著我又說：「因為太好吃了，我心裡就想，如果回家路上遇到那兩隻小狼的媽媽，我也要把牠搓成丸子，大吃一頓！」旅人嗅了一下我的手，發現我的手上真的有狼的氣味，完全以為我說的是真的，嚇得幾乎跌倒。她怕真的被我吃掉，說了聲再見就慌慌張張地跑了。

我躡手躡腳地不讓母狼察覺，又回到先前那棟房子。從我愚弄了那幾隻笨狼之後，開始下起雨來，天色也變暗了，四周一片漆黑，房子裡開始積水。我拿了一根長棍子，從遠遠的地方，一隻一隻輪流敲那些狼的頭。狼沒有發現打他們的其實是我，而互相叫罵：「你怎麼打我？」「你才打我！」開始扭打了起來。趁牠們打架的時候，我用圍裙包了一大包橘子，不慌不忙地離開那棟房子，回家去了。

這就像日本民間故事裡的主角，狠狠地把狼捉弄了一頓，是個令人愉快的夢。當事人說她醒過來的時候心情很好，我想一定真的是這樣。做這個夢的女性是一個認真嚴肅的人，從不開玩笑或惡作劇。夢從「聽課」的情境開始，也反映出她硬邦邦的性格。但是從授課老師調皮地說：「狼來了！」開始，劇情就急轉直下。授課老師的話就像伊索寓言的「狼來了」一樣，從謊言裡冒出真話，她突然變成像 Trickster 一樣的人。就連母狼化身成為旅人想要騙她，她也一眼就看穿母狼的小伎倆，真是個不得了的人物。最後當「天暗下來，開始積水」，無意識的程度愈來愈高，這位了不得的女性的惡作劇，開始擴張到身體的層次。這個夢為當事人開啟了一個嶄新的世界，具有深遠的意義。

作為 Trickster 的治療師

生活態度一向一絲不苟的這位女性，在這個夢裡變身成為 Trickster。但是讓她能夠獲得這種經驗的心理治療，需要某些條件——治療者與患者的關係也好、名為諮商室的空間也好，都必須有某種 Trickster 介入。在這個意義下，進行心理治療的諮商室，必須具有能讓 Trickster 自由活動的開放性。

中世紀狂歡節的祭典空間，是最能讓 Trickster 活躍的場所。山口昌男精準地分析了狂歡節的祭典空間的性質，而令人驚訝的是，它與現代諮商室的特性極度相似。中世紀完全開放空間的「市場」與現代的諮商室這種「密室」具有同樣的功能，這是非常有趣的事。根據山口昌男的說法[21]，中世紀狂歡節的「生命形式，讓人們得以接觸、認知到真正自由且流動的世界；那樣的世界，與官方固定的、嚴格的、高壓的世界，是完全不同的」。那麼，為什麼所謂的「市場」的空間，能讓這樣的事發生呢？山口昌男分析了市場的經濟功能與象徵性，並從中找到以下的特性：市場是「開放的世界」；人們可以「自由接觸」；在市場裡，所有人都是「平等且對等」的；人與物經常移動，保持「流動性」。人們在市場中放掉手中原有的物品，獲得新的所有物，經歷到「改變」；人們說話與歡笑的聲音、物品發出的噪音，在市場裡發生、擴大，喚起人們「非日常」的意象。而「這些意象融合在一起、難以分割，形成了市場的『象徵性』；它與支配我們日常生活的生命形式——『分隔的』、『以距離感為主軸的』、『固定的』、『不會改變的』——互相對立。」

但是從心理治療師的角度來看，這些描述完全符合諮商室的特性。不過，這麼說大概需要一些說明吧！首先，所謂諮商室是「開放的世界」，意思是治療者與患者都對無意識的世界抱持開放的態度。特別是治療者，必須經常保持開放性。在那開放的世界裡，我們可以與無意識界的居民「自由接觸」，「平等」對話。當然，為了做到這一點，治療者必須讓患者擁有自由，並且以平等的立場相待（雖然這是非常困難的事）。在諮商室的空間裡，患者不需受到日常規範的拘束；不論是什麼人的事情、什麼樣的事情，都可以隨著情感所趨而說出來。在那個「非日常」的世界裡，患者感受自己心中流動的東西，體驗到「改變」。而就在這樣的過程中，Trickster 會有意識或無意識地介入。接下來讓我們舉出一些例子，藉以觀察、思考這樣的現象。

有時候為了改變患者固執頑強的人格結構，治療者會有意地扮演 Trickster 的角色。比方我們在第二章第二節所介紹的，心理治療師真尼特對患者阿錫勒的治療方式，就是很典型的例子。阿錫勒堅稱自己是惡魔，為了對抗他的頑固，真尼特用了一些伎倆。真尼特說「為了證明你是惡魔」，要對方催眠阿錫勒，這完全是民間故事裡 Trickster 常用的手法。它讓我想到一個日本的民間故事：吉四六哄騙天狗（譯案：日本傳說中的一種妖怪），要他一下子變得大、一下子變小，以證明自己的能力。然後吉四六趁天狗變得很小隻的時候，一腳把他踩扁。這也是同一類的手法。

真尼特有意地選擇了他的做法，但有時候治療者也會在無意識的情況下，被推入 Trickster 的角色之中。而隨著治療者自覺程度與態度的不同，其後的發展也會有相當大的差異。有一個人參加

21　原註：山口昌男「道化の民俗学」二『文学』一九六九年二月　岩波書店。

了幾個有關心理諮商的講習會，也讀了一些相關的書籍，開始想要扮演諮商者。剛好這時候，附近某一家人的媳婦來找他，唉聲嘆氣地抱怨婆婆的行徑。那個人覺得這是絕佳的機會，於是照著書上所說的，認真地聆聽。但是他聽著聽著、變得熱血了起來，覺得既然有這樣的事，那自己非得去給那位婆婆一些忠告不可。事實上對諮商的工作來說，這是千萬不能做的事。但是——這是外行人的悲哀——這個人敗給了自己的熱心，還特地跑到那個人家裡，把媳婦的不滿一五一十地告訴那位婆婆，勸老太太要改一改自己的態度。但是對那位婆婆來說，媳婦說的事都不是真的，她氣這位業餘的諮商者多管閒事，兩人所說的話完全兜不在一起。做婆婆的把媳婦叫出來，問她心裡真正的想法，媳婦告訴婆婆——這是這種情況常有的事——那是這位鄰居的誤解，自己真正的感受是如此如此、這般這般。於是生平第一次，媳婦與婆婆互相都毫不隱瞞地說出真心話，兩個人的關係從此好轉。儘管如此，她們還是覺得那是她們自己就可以處理好的事，這位鄰居根本是雞婆。但這位業餘諮商者的感想卻不是如此。他覺得，這對婆媳的關係之所以改善完全是自己的功勞，她們不但不知感恩，還反過來怪自己多事，真是倒霉。

這只是一個例子而已，事實上我們經常聽到這類的事情。一個人沒有受過訓練，就一腳踩進治療空間這個特別的領域，在無意識中被迫變成低級的Trickster——以中橋一夫的話來說，就是笨小丑（dry fool）。我們可以想像，那就像一個中古世紀的人，悠哉悠哉地出門去參加狂歡節的祭典，卻莫名其妙地被拱上台去扮演「擬王」（mock king），變成嘲弄的對象。確實，在以「死與重生的感傷（pathos）」為核心的心理諮商場合中，心理治療師經常被迫做類似「擬王」的行為。

問題在於，我們對這樣的情況有多少程度的自覺？

即使是受過訓練的治療師，也會無意識地被拱為 Trickster。但如果是受過訓練的治療師，之後的情況會有不一樣的發展。曾經有一位來尋求我諮商的高中生，是一個非常遵守時間的人。他的守時只能說是歎為觀止，門鈴總是在約定的時間準時響起。我告訴他自己對他很佩服，他很高興，開始滔滔不絕地說明，嚴守時間對一個人來說是多麼重要的事，他自己又為了守時而付出了多大的努力。我感動地說：「所以你在生活中，從來沒有遲到缺席過吧！」他順著我的話回答：「是啊！我從來沒有……」突然說不出話來；我們兩人互望著對方，一起爆笑出來。因為這位患者來找我的原因，就是他患有校園恐懼症，經常不去學校，當時已經因此留級三年了。我在無意識中戳中了他的痛處。

雖然造成這位高中生校園恐懼症的原因有好幾個，但是一直無法復原的原因之一，就是他凡事要求完美的傾向。只要有一天缺席，他就會為了趕上學校的進度，在家裡拼命唸書。但是因為他的完美主義，總覺得自己沒唸好、沒唸完，於是第二天又不去學校。這樣的事一再反覆，缺席的時數就變得越來越長。他的這種完美主義，也表現在前來諮商時的嚴守時間。那時候因為他認真嚴肅的態度讓我印象深刻，我未加思索就說「你從來沒有遲到缺席過吧！」，他也因為這句話而上鉤，想都沒想就要表示同意。後來我告訴他：「你這麼努力用心、不讓自己遲到，結果學業卻比其他人晚了三年。相反地，在你眼裡看來生活態度隨隨便便、遲到也完全不在乎的人，卻可以很順利地晉級。這件事你怎麼看？」也就是說，因為上述的事件，他得以認識到自己追求完美的生活態度，其實是很大的缺陷。

在這裡，兩人之間的「笑」也是值得注意的事。他順著我的話想都沒想，差點就要回答「對啊！從來沒有遲到缺席」，這實在很好笑。當然，不管任何人都能一眼看出，他的完美主義是他校園恐懼症的原因之一。但就算直接對他指出這一點，或是給他任何忠告，事情也不會有什麼改變。實際上，要是光靠忠告就能讓人改變，那麼就不需要心理治療師這個行業了。但是在無意識中發生的Trickster的作用，讓治療者與患者為同樣的事情一起歡笑，這時候患者突然感受到世界想告訴他的事。這樣的歡笑，與充滿狂歡節祭典空間的無限的歡愉，是共通的東西。

當治療者的心朝向無意識的世界敞開時，該世界的住民就可以自由活躍。就像上述的這個案例，Trickster在必要的時候完全無意識地出現；回過神來的時候，治療者與患者一起變成觀賞這齣搞笑劇的觀眾，一起笑了出來。接下來，治療者必須負責解釋這個「笑」的意義。治療者必須隨著治療的進程，依序扮演不同的角色。之前我們將諮商室類比為中世紀的市場空間，那時我曾經指出，人們在那樣的空間裡可以互相「自由地接觸」；而治療者的角色更替，也與此相應。治療的空間實際上有許多人自由進出，因此為了守護無意識界住民的自由，我們在密室中進行治療。

有時候患者會在分析師與患者本身都沒有意識到的狀況下，將Trickster的形象投射到分析師身上。患者的夢裡，經常顯示出這樣的狀態。接下來介紹的，是一位將近四十歲的男性所做的夢。

夢：我出席了一個宴會。在宴會中遇到了A（女性）。A邀請我跟她到某一個房間裡，在床上躺了下來。很明顯地，她是在誘惑我。我慌慌張張地跑出房間，分析師不知道什麼時候突然出現了，用眼神要我回到A的身邊。

出現在夢裡的A，是患者公司的女同事，長得很漂亮，因為男性關係雜亂而出名。做這個夢的人告訴分析師，他以為自己對A這樣的女性完全沒興趣，但說不定其實內心深處受到她吸引——說完這樣的感想之後，他對分析師說：「您也覺得，跟A這樣的女性交往是有意義的事嗎？」。很明顯地，這位患者把夢境與現實混在一起了；也可能他因為把這樣的角色投射在分析師身上，所以才做了這樣的夢。當然，在現實中分析師不可能告訴他「接受A的誘惑沒關係」。但可以想像的是，對於這位患者來說，A代表了不可知的魅力，以及潛藏在他內心的肉體性問題；與這樣的領域「保持關係」，對他來說是非常值得鼓勵的事。夢中的分析師之所以敢於扮演 Trickster 的角色，試圖讓這個人與A產生連結，也是可以理解的。只不過，就像這個人以為現實中的分析師真的建議他接受A的誘惑，在心理治療的人際關係中，經常發生這種錯覺。有時候患者會感嘆，自己遵照治療者的指示而行動，卻導致失敗與不幸的後果，但事實上治療者不但沒有那樣的意圖，更沒有給他任何指示。Trickster 在人們不知不覺中活動，有時候會造成嚴重的破壞。在前述的那種治療情境中，作為心理治療師，我們必須設法在最大的限度上，讓 Trickster 的作用發揮正面的功能，因此我們必須經常注意 Trickster 強大的破壞力，一刻也不能懈怠。

三・Stranger

我們在上一節中指出，活躍在神話世界中的 Trickster 所具有的矛盾的功能。Trickster 以其惡作劇或小詭計破壞日常秩序下的世界，卻反而因此恢復了存在的整體性。還有一種將「非日常性」帶入人們日常生活之中的存在，那就是 Stranger。某一天，某個村子、或是某個小鎮，出現了一個「陌生人」。光是他的出現，就已經破壞了那個地方、那個空間的日常性。不知道為什麼，他無法不給那個世界的人一種奇怪的感覺（strangeness）。大室幹雄（1937～）清楚地描繪出「異鄉人」（stranger）在古代中國的樣貌，將他們的特性集中歸納為「滑稽」一點。[22] 這裡所說的滑稽，當然是與小丑的特質相通的。大室也指出，Stranger 與 Trickster 的類似性很高。關於中國古代的 Stranger 請讀者參考大室的著作；筆者主要關心的對象，仍然是現代人夢中的 Stranger。不過一開始，還是先介紹一下幾位讓我印象深刻的 Stranger。

《神祕的陌生人》

思考 Stranger 與陰影的問題時，首先浮上我心頭的，就是馬克・吐溫（Mark Twain, 1835-1910）的《神祕的陌生人》（*The Mysterious Stranger*）。馬克・吐溫的代表作《湯姆歷險記》與《頑童流浪記》，是許多國人熟悉的作品。由於這兩部充滿愉快氣氛的小說，我們對馬克・吐溫的印象是開朗、明亮、樂觀主義，代表新世界美國的人物。然而這部作者死後第六年才出版的《神祕的陌生人》，其實是一部悲觀的作品。雖然應該有很多人已經認識這篇小說，但還是讓我先為大家介紹，馬克・吐溫心中的神祕陌生人，是怎麼樣的形象。

這篇小說的舞台設定在一五九〇年的奧地利，一個叫作艾澤爾朵夫（Eseldorf）的村莊。第一人稱的敘述者「我」，是住在這個村子裡的一位少年。「對我們這些小孩子來說，艾澤爾朵夫就是樂園。……大人們對我們的管教，主要就是要我們成為良善的基督徒，尊敬聖母瑪利亞與聖人們，其他的事情我們不需要知道太多。」他們每天過著平靜而祥和的生活。然而有一天，一個沒人見過的少年出現在這個樂園。「我」正在和另外兩個少年聊天的時候，他走了過來。「他走到我們身邊坐了下來，態度就像是認識很久的朋友一樣，很自然地就開始說話。」「少年穿著全新的、整潔的衣服，長得很俊美。面孔給人的感覺很好，聲音聽起來也很舒服。個性乾脆又優雅，完全不糾結執著。很多少年不懂禮儀、舉止隨便，要不就是畏畏縮縮，但是他一點也不會。」三個少年很想跟他親近，但是因為不習慣「外來者」而害羞。少年們想要請他抽菸，卻發現自己忘記帶火柴而感到懊惱。雖然他們什麼都沒說，這位陌生的少年卻看透他們的心思；他往煙斗裡吹了一口氣，煙草就自己點著了。少年們感到害怕，想要逃走，但是這位奇妙的少年很懂得安撫人心的要領，沒多久就和他們三個人變得很熱絡，讓他們看各種不可思議的伎倆。比方，這三個少年不管說想要吃什麼水果，立刻會發現自己的口袋裡就有。

22　原註：大室幹雄『滑稽——古代中国の異人たち——』（《滑稽——古代中國的外國人們》）評論社　一九七五。

這時候，奇妙的少年開始玩有趣的遊戲。他用黏土做了大概像手指頭那麼大的人偶，那人偶立刻就像真人一樣動了起來。一個接一個做出來的黏土小人們，開始搭建一座和真正的城堡一模一樣的迷你城堡。這些事實在太不可思議了，讓少年們瞠目結舌，問他到底是什麼人，他回答：「撒旦」。他無視於少年們的驚訝，告訴他們，自己算是聖經裡那個大家熟悉的撒旦的姪子。以人類的算法來看，他現在是一萬六千歲；但對他們族人來說，時間是廣大無邊的，所以自己還是個少年。正在說明的時候，他看到兩個他剛才做的小人在打架，覺得很吵，就把他們拿起來，用手指揉碎丟掉，若無其事地用手帕擦擦手。而且他還說：「我們啊！就算想幹壞事也沒辦法。我們沒有作惡的資質。首先，惡是什麼？光是這個問題我們就不懂了」。三個少年目瞪口呆。

這時候，小人的世界為被撒旦殺死的兩個人舉行葬禮。神父主持儀式、為死者禱告，死者的友人們為死者哭泣。不知道是不是覺得他們的哭聲太吵，撒旦拿起鞦韆座位的板子，像拍打成群的蒼蠅一樣，把參加葬禮的小人們全部打碎在地上，一個也不剩。連神父也被打死了！少年們看了覺得胸口一悶，差點吐出來。但是撒旦說的話實在太有趣了，聲音又像音樂一樣好聽，佔據了他們的心思，讓他們聽得入神。

撒旦很了解人類的世界，告訴他們許多事。但是不論人類何等的英雄行為，從他的嘴裡講出來，都變成不值得一提的事，讓聽的人自己都覺得很丟臉。「話說回來，人這種東西啊~既遲鈍又無知，既吝嗇又自戀，全身都是病。啊~啊~一群沒用的傢伙！」。少年們說，這樣對人類很失禮；他一聽就回答：「什麼失禮！」「你們說，我講的不就是事實嗎？說真話才是真正的禮貌。你們所說的禮貌，只不過是人為造作出來的東西」。

就在他們聊天的時候，小人們的人數已經增加到五百人，城堡也快蓋好了；但是突然颳起暴風，雷聲轟隆作響，落下來的閃電引起火災，導致火藥庫爆炸，五百個小人全部都死了。少年們傷心哭泣，但是撒旦一副事不干己的樣子。「總而言之，想要打動他的心是白費力氣。不管從哪裡看，他都沒有感情這種東西；再怎麼跟他說，他也聽不懂。明明是像惡鬼一樣地在殺人，看起來卻心情輕鬆愉快，好像正在參加婚禮一樣。」

雖然我們只介紹了一點點，但相信讀者們都已經了解這位陌生的少年有多可怕了。這個入侵樂園的陌生人，在艾澤爾朵夫這個小村莊引起了什麼樣的騷動？請讀者們自行閱讀原作，這裡就不再贅述。總之，撒旦一件又一件地指出，人類所謂的善意與良心，是多麼愚蠢的東西。就連公開宣稱自己不怕惡魔的阿朵夫神父，遇到撒旦也是一臉蒼白。在撒旦的手裡，人們的種種善惡判斷都被徹底相對化。撒旦的舌頭就像吹火一樣，攻擊人類的愚蠢；但即使是「完全沒有感情這種東西」的他，也曾經——雖然就那麼一次——說出感傷的話來：「你們人類的一生是多麼的空虛！你們所謂的榮華富貴是多麼地孩子氣，就像陰影一樣。想到這個，甚至讓人覺得可憐啊……」。對他來說，人生只不過是虛幻的陰影。這句話讓我們不禁想起馬克白的獨白（本書第一章第一節）。

因為《湯姆歷險記》、《乞丐王子》等代表性的作品，許多人認為馬克・吐溫是一位幽默的作家。對於這樣的人來說，上述的這種悲觀主義，說不定讓他們覺得不可思議。確實，那些作品開朗、正面、樂觀的氣氛，與撒旦在《神祕的陌生人》中到處散播的極度否定、悲觀的人生觀，形成強烈的對比。關於這一點，《神祕的陌生人》日文版譯者中野好夫（1903-1985）先生提出了他的看法：以大環境來說，一八九〇年代的美國，自由的土地與無限延伸的邊疆都已消失。而在個人生命方面，馬克・吐溫本身因為經營出版事業失敗，背負了十二萬美元的鉅額債務，又遭遇女兒死去、愛妻大病等種種人生的試煉。可以想像，這些都是晚年的馬克・吐溫開始撰寫悲觀作品的原因。的確，想要說明馬克・吐溫晚年的改變，這些都是不可忽視的因素。

但事實上，馬克・吐溫一直同時具有樂觀與悲觀兩種特性。從他被視為「樂觀主義」的早期作品中，也可以清楚地看到這樣的雙面性格。首先，在他一八八二年所寫的《乞丐王子》中，兩者的對比就非常明顯。如果制定嚴苛法律的國王，變成了被迫遵守法律的一方，會是什麼情況？反過來，一個普通的國民——而且是地位最低的一種——變成了國王，他的生活又是什麼感覺？這是馬克・吐溫透過這個狀似愉快的故事，想要傳達的訊息。在一般人眼裡，現實只有一個；但是對馬克・吐溫來說，現實始終映照出雙重的影像。透過王子的眼睛與乞丐的眼睛，所看到的現實有多麼大的不同？只不過在這部作品中，王子與乞丐的對比在人們的善意支持下——雖然經過無數的苦難——最後走向完美的整合。在某種意義下，王子愛德華與少年乞丐湯姆・康第可以說是彼此的陰影；他們經過千辛萬苦所獲得的、對陰影的自覺，同時為兩人帶來人格的成長。

另一位少年湯姆（《湯姆歷險記》裡的湯姆・索耶），本身就具有相當程度的雙面性格。他既是 Trickster，也是英雄。湯姆最後打倒了惡漢而成為英雄；但是在那之前，他非比尋常的搗蛋、惡作劇，活靈活現地描繪出一個 Trickster 的形象。與湯姆一起活躍的另一位少年哈克（Huckleberry

Finn），馬克．吐溫將他塑造成姓氏、父母都不詳的流浪兒。哈克在一八八四年的《頑童流浪記》中，成為比湯姆更重要的主角。

哈克令人愉快的特質不亞於湯姆．索耶，但是他沒有湯姆的那種英雄性格。雖然他幹了各式各樣的壞事（真的是一些犯法的事），不過讀者們都能感覺到他本性善良，完全無法討厭這個人。雖然他種種Trickster的行為讓人由衷發笑，可是我們可以看到「善惡判斷的相對性」的主題，已經在這部作品中萌芽。舉例來說，哈克在書中的某處這麼想著：「一直都是這樣——不管我們想要做正確的事、或是幹壞事，結果都是一樣的。所謂『人的良心』這種東西，完全不懂事物的道理，不論發生什麼事，只知道拼命責怪我們而已。如果有像人的良心那麼不懂事的野狗，我一定會毒死牠。良心不只佔據了人全部的內臟，還想佔據更大的地方，但這東西其實一點用處也沒有」。如果從這種看待良心的態度繼續往前一步，從正面直視這個問題，結果就是寫出《神祕的陌生人》這樣的故事。但是在那裡面，湯姆與哈克曾經帶給我們的笑聲，已經消失不見。而且諷刺的是，奇妙的少年撒旦雖然嘲弄、貶抑人類的一切，唯獨給予「笑」正面的評價。他這麼說：「你們人類啊！總之是可悲可憐的傢伙。只有一件，你們只有一件強大的武器，那就是『笑』。不論面對的是權力、金錢、勸說、迫害、或是巨大的謊言，『笑』都能挺身而出，一點一點地壓制對方——沒錯，就算要用上好幾個世紀，『笑』的確具有逐漸削弱它們的力量。能夠輕輕一口氣，將這些東西像灰塵一樣吹散的，就只有『笑』。沒有任何東西能抵擋『笑』的攻擊。但是你們人類，卻始終拿著『笑』以外的武器，大張旗鼓地作戰」。

書中的撒旦如此滔滔不絕地談論「笑」，作者馬克．吐溫自己卻忘記要怎麼笑了；這是為什麼？可以想像得到的原因，是發生在他身上的境遇的變化。綜觀他的人生，我們可以看到他本人豐富的 Trickster 特質。據說他十二歲喪父的時候，反而因為不用再去討厭的學校而高興。後來他不斷更換工作，還曾經投入淘金的熱潮。他筆下的湯姆與哈克的各種惡作劇，有很多應該是來自他自己的經驗吧！但是隨著名氣越來越大，他也加入了上流人士的圈子；而那是過去他嘲笑的對象。我們在談論小丑的時候，曾經提到從小丑、英雄到老王之死的過程，而馬克．吐溫也走上了這條悲劇的路。他躋身人人欽羨的上流社會，卻在上流社會裡一步一步地邁向「老王之死」——像馬克．吐溫能夠那麼清楚地看破現實的雙重性格，像這樣的人，不可能看不到自己的處境。這正是「小丑的宿命」。

在《乞丐王子》裡，陰影的主題雖然黑暗，但因為具有統合的可能性，反而讓整體的故事多采多姿。但是執筆《神祕的陌生人》時的馬克．吐溫，已經活在單層、扁平、難以改變的「上流社會」。不論他在心裡如何大喊「說真話才是真正的禮貌」，自己卻除了活在「只不過是人為造作出來的」禮儀束縛下，別無他法。當這樣的現實變得頑固僵硬，浮現在他心裡的陰影也變得太深太大，超越了他的個人經驗，就算是馬克．吐溫這樣的天才也無力整合了。一直到最後，馬克．吐溫都沒有完成《神祕的陌生人》這部作品，留下了好幾個版本的手稿，死後的第六年才終於出版；這件事證明了我們上面所說的。而且我們在閱讀《神祕的陌生人》時，雖然還是會被他天馬行空的想像力打動，但是作為一部文學作品，如果拿它與《頑童流浪記》等前期作品比較，卻禁不住會覺得它是較為拙劣的。這也反映出前述的事實。普遍陰影的破壞性太過強大，讓人無法將它整合成為一個完整的作品。這件事告訴了我們一個祕密——陰影與與創造性的關係。據說在他死前不久，馬克・吐溫談到了他誕生的一八三五年，哈雷彗星曾造訪地球。「明年哈雷彗星又將到來，而我打算和它一起走。——全能的神一定是這樣說的：『這裡有兩個任性的不明物體。它們一起來到這裡，應該也會一起離開吧』」。我認為這番話顯示出，馬克・吐溫非常了解自己雙向的性格。這位奇妙、神祕、任性的天才，由彗星來預告他的出現與死去，真是再適合也不過了。

夢中的陌生人

出現在馬克・吐溫心中的神祕少年，是我們無法輕易接近的存在。接下來我們要看到的，是一個出現在夢中的陌生少年。一位二十八歲的女性，將這件事用詩的形式記錄了下來。[23]

夢中的少年

少年在海邊等我
浪花四濺、佈滿猙獰岩石的海邊

23 原註：ブッシュ孝子（Busch, Takako）（周鄉博編）『白い白馬』サンリオ出版。

少年濕濕的手緊緊握住我的手
我們兩人赤著腳在岩棚上奔跑

這金髮的小不點啊！你是誰？
你要和我一起去嗎？
到血紅地平線的另一邊？

就像詩的作者自己也提出的問題，這個金髮的小男孩到底是誰？想知道這件事，必須為各位介紹這首詩的作者。這位女性為了學習自閉症孩童的治療而到德國留學，卻在三年後中斷，於一九七〇年回到日本。醫師診斷出她罹患乳癌，回國是為了接受手術。她的未婚夫是德國人，知道了這件事以後向她宣誓不渝的愛情，仍堅持與她舉行婚禮。一九七三年九月九日，一首接一首的詩彷彿地底迸發的泉水一般，不斷從她心裡湧出；她在大約一個月的期間，就寫下了超過八十首的詩。然而隔年的一月，才二十八歲的她，就因為癌症踏上了不歸路。這首〈夢中的少年〉，是九月九日那天，最早從她心中噴射而出的幾首詩其中的一首。

看到了作者這樣的人生，知道了這首詩誕生的祕密，我們該怎麼看待這位少年？是接下來的一個月期間，打動她內心的詩的精靈？是深愛著她的丈夫年輕時候的模樣？還是來迎接她前往另一個世界的死亡使者？也許我們永遠也無法確定吧。當然，那不是「陰影」。這個少年出現在她的夢裡，如此深邃、如此廣大，我們除了說是她的靈魂，不知道還能說什麼。少年緊緊握住她的手，在海邊快走的那一刻，應該是相當於我們世界的幾十年時間吧！雖說她的生命充實而緊密，但僅僅二十八年的短暫人生，仍然讓我們俗人的心感到悲傷。在〈夢中的少年〉之後兩天，她所寫的另一首詩，或許多少能為我們帶來些許寬慰。

如果我死了

如果　我死了
我想變成座敷童子[24]
誰也不知道我就在那裡
和大家一起歡笑

所謂的座敷童子，說不定是一種「陰影」。但是，那是開朗的、愉快的陰影。這位在短暫卻充實的人生中發光發亮的女性，應該是知道，陰影裡也會有開朗與快樂吧！

24　譯註：「座敷」在日文裡原本的意思，是鋪設榻榻米的房間；在古時候的日本，是一棟房子裡最高級的房間，多用來款待客人。各地方的習俗、傳說略有不同，但一般來說「座敷童子」指的是寄宿在「座敷」的守護神或精靈，通常外貌像幼童，雖然會做一些無傷大雅的惡作劇，但也會帶給該戶人家幸福與財富。

筆者受到馬克・吐溫《神祕的陌生人》觸動，為各位介紹了上述奇妙的夢中少年的意象。與此不同的是，一般來說，出現在夢中的陌生人若是與做夢者性別相同，在某種意義下，大部分是與陰影的問題有關的。在說明本書第一章第二節所引述的夢時，我們已經稍微觸及這一點；接下來再為各位舉出一個類似的例子。這是一位四十幾歲的女性所做的夢。

夢：我在山頂上一座獨棟的房子裡。風好大，彷彿就要把門吹開。我使盡力氣壓著門，但最後還是有一扇門被吹跑了。突然颳起的強風，讓我幾乎無法呼吸。有一個人（我不認識的人）說，山上有熊出現，留在這裡很危險，說完他就跑走了。我也跟著那個人往山下跑。突然山路分成兩條，雖然也有人往右邊走，但那個人說左邊那條路比較好，我也跟著他朝左邊走去，結果熊就朝著我們走過來。那個人一看到熊就突然加快腳步，不知道跑到哪裡去了，但我完全跑不動，胸口又悶又痛，心想這下一定會被掐死。

「山上的獨棟房子」的環境設定、門被風吹破所象徵的自我防衛的瓦解、還有岔路的選擇等等，這個夢充滿了一般夢裡常見的主題。做夢的人身處山頂上的獨棟房子，那是遠離人群的空間。先不論是好是壞，孤獨總是帶給人非日常的體驗。門外狂暴的風，代表超越她自我的力量。她雖然「使盡力氣」抵抗，試圖保衛自我，但最後還是被吹破一扇門，突來的強風讓她無法呼吸。這一點與本書第一章第二節所引用的，那首詩裡的「玻璃窗的裂痕」相對應。寫那首詩的少女，在完全沒有防備的狀態下，直接面對普遍陰影的存在；而這個夢的主人翁，則遇見不認識的人。這個陌生人似乎比她更了解狀況。因為這個人說「有熊出現、危險」，所以她決定跟著他離開。來到岔路口的時候，「雖然也有人往右邊走，但那個人說左邊那條路比較好，我也跟著他朝左邊走去」。如果以一般所說的空間象徵來思考，我們可以說這位女性進入了更深一層的無意識。「岔路」的選擇，是民間故事喜歡的主題。當然，我們的實際人生也會遇到決定性的岔路。在這個夢裡，這位女性聽從陌生人的指示，選擇了左邊的道路，結果竟然遭遇正面迎來的熊。原本她信賴、依賴的那位陌生人，一看到熊就消失了身影。這個陌生人是假裝幫助她，其實目的是要設局讓她遭受熊攻擊的惡人嗎？我覺得不盡然。很明顯地，這個人擁有陰影的屬性。但是，就算不深究這位女性所面對的熊具有什麼樣的意義[25]，我們也能理解，對她的人格發展來說，這場與熊的對決是必要的。如果是這樣，那麼不論這樣的對決多麼可怕、辛苦，我們也無法簡單地判斷，安排了這個場面的陌生人，其行為是善是惡。隨著熊的出現，這個人突然就消失了；從這一點來看，這個人的意象相當具有Trickster的要素以及矛盾性。

在這個夢裡，陌生人為做夢者與熊安排了一場對決，但事實上「熊」本身也是未知的事物。未知的事物要是太大、太強，就會變成近似怪物的存在。這樣的怪物們總是在等待機會，只要一找到

25 原註：關於熊的象徵性意義，可參閱ヘンダーソン（Joseph L. Henderson, 1903-2007）的「元型的イメージとしての熊」（〈作為原型意象的熊〉），收錄於『夢と神話の世界』新泉社，一九七四。

空隙就會侵入我們已知的世界。某一天偶然到來的「神祕的陌生人」，為樂園般的小村「艾澤爾朵夫」帶來何等的混亂！當侵入的陌生人力量強大的時候，已知的世界將受到動搖。[26]接下來我們要看的，是一位受到力量強大的陌生人侵入，三十幾歲的男性所做的夢。

夢：有一位女性。她的兩位姊姊被某個強而有力的男人不知道是擄走，還是已經殺害了。而且那個男人又來了，打算也要侵犯這位女性（好像有些民間故事裡所說的，這麼做似乎是為了向鬼神獻祭）。我和另外一個人（好像是我哥哥）想要保護這位女性。但是當我們看到那個男人時，立刻就明白，這傢伙實在太強了，跟他打也沒用。這時候我決定，讓自己（雖然是男性）代替那位女性受侵犯。躺下來的時候，我感受到身為女性的悲哀（醒過來以後，我覺得那個侵入的男人說不定是我哥哥）。

在這個夢裡，侵入的陌生男人力量太過強大，讓人聯想到民間故事裡的怪物。做夢的人自己也覺得這個夢好像「民間故事」。實際上當夢的層次非常深沉，就會讓做夢的人體驗到像神話或民間故事那種遙遠悠古的感覺。全世界所有的神話與傳說，到處都可以看到怪物現身、以暴力擄走女性的故事，數量之多不勝枚舉。通常故事裡跟著會出現打敗怪物的英雄，但是這個夢的發展非常不同。主人翁知道自己即使與怪物戰鬥也一定會輸，於是放棄戰鬥，而是以屈服的方式，試圖拯救另一個人。而且為了救人，他甚至讓自己變為女性。

這讓我想起西鄉信綱（1916-2008）在《古代人與夢》（『古代人と夢』）中曾經探討的，親鸞在六角堂參籠（閉關修行）時所做的夢。[27]親鸞在六角堂這個地方閉關修行時，救世觀音出現在他夢裡，告訴他：「若因前世果報你必犯淫戒，那我將變為女兒身供你侵犯。我將侍奉你一生，且於你臨終時，引你往生極樂之土。」觀音在這裡所說的，是透過徹底的接納與包容，讓人得到救贖。這是以母性為基礎的宗教原理；做這個夢的人是日本人，這是很耐人尋味的事。[28]不過，在這裡我想探討是，這位做夢者（譯案：即親鸞）是透過「陰影的侵入」，經歷如此深刻的宗教性體驗。這個人感受到「身為女人的悲哀」，那可以說是一種強烈的宗教情感（「努祕」Numinose）吧！

出現在這個夢裡的「哥哥」的意象，也非常有趣。那是保護主人翁的人呢？還是攻擊他的人？很難判斷。這個「哥哥」和上一個夢裡設局讓主人翁與熊對決的陌生人，有類似的功能。他們的存在，介於個人的陰影與普遍的陰影之間。他們都扮演了中介者的角色，引導主人翁走向更深層的意識；也就是說，他們是連接兩個世界的 Trickster。不過說到 Trickster，我們都知道溫納貝戈族的

26 原註：在我們先前引用的、大室幹雄的《滑稽》一書裡，清楚扼要地說明了陌生人作為侵入者的意義。另外，川崎壽彥將詩人馬維爾（Andrew Marvell, 1621-1678）所描寫的「庭院」裡的「割草人」解讀為侵入者，並且援引榮格的陰影概念，進行了精彩的說明。川崎寿彦『マーヴェルの庭』（《馬維爾的庭院》）研究社　一九七四。

27 原註：西鄉信綱『古代人と夢』平凡社　一九七二。

28 原註：這個夢具有日本人的特徵。關於這一點，請參閱拙著『母性社会日本の病理』（《母性社會日本的病理》），中央公論社出版。

Trickster 從男性變為女性；如此一來，我們也可以說，這個夢的主人翁本身就體驗到像 Trickster 那樣的變身。換句話說，這個夢顯示，當主人翁遭受強烈的陰影侵入，為了與它對決，不得不也露出自己陰影的一面。這件事必然會導向下一章的主題——「與陰影的對決」。

在進入下一章之前，我想再引述另一個例子——這也是抵抗強大陰影入侵的故事。剛剛我說，男性以變身為女性的方式全面接受陰影的侵入，是「日本式」的想法。但事實上，這樣的「侵入」早在「神代」[29]的時候就已發生。日本神話世界中典型的Trickster「素戔嗚尊」，試圖侵入由天照大神所統治的高天原。在這個故事裡，侵入者是男性，受到侵略的是女性的世界，而且沒有挺身與侵入者戰鬥的男性英雄出現。但是，身為女性的天照大神並沒有採取「全面接納」的方式，而是全面武裝迎戰侵入者素戔嗚尊。很明顯地，這是女性變身為男性。就算不說是變身，至少是很清楚地變裝成男性。這一點與前面的夢（男性變身為女性）是相對應的。

下一章我們將談到，與陰影的對決可以有許多種情況。不過我認為，剛剛提到的、日本女神對付Trickster侵入的方式，以及後來神話中故事的發展，是了解日本人心性的一個重要關鍵。對於這個問題，希望未來能有機會詳細探討。在這裡我希望用本書的最後一章，來清楚描繪出「與陰影對決」的各種面向。

29　譯註：在日本的神話與民間傳說中，「神代」指的是神武天皇即位之前，由眾神統治日本的時代。廣義來說，指「神話的時代」。

第五章

與陰影對決

我們在上一章探討了陰影的矛盾性格，並且主張，真正的問題在於我們要如何與陰影對決？該如何與陰影相處？單純地與陰影握手言和，是件可怕的事。然而，我們也無法否定陰影的存在。不與陰影來往將是我們人生的損失，後果也令人擔憂。那麼就讓我們來看看，到底我們可以用什麼樣的方式與陰影互動？在此同時，也整理歸納之前我們談論過的內容。

一・自我與陰影

雙重世界

就像我們在雙重人格或分身（二重身）現象中看到的，對我們來說，「二」這個數字具有重大的意義。「一」是事物尚未分化的狀態，但「二」不同——分離、對立、衝突等等，都是從「二」產生的。從這裡我們可以理解，為什麼善惡、天地、父母、精神與物質等等眾多對立的現象與概念，是支撐人類意識結構的支柱。

薩斯－悌內曼（Theodore Thass-Thienemann, 1890-?）提出了有趣的觀點[1]。他認為從「一」產生「二」的過程，其基礎來自母與子的關係。母親原本是單一的實體，生出小孩後，與小孩分離開來成為「二」。這可以看作是所有創造性的基礎。「二」這個數字，是所有事物的生成過程中，不可或缺的要素。赫曼・赫塞（Hermann Karl Hesse, 1877-1962）的小說《德米安：徬徨少年時》

（*Demian: die Geschichte von Emil Sinclairs Jugend*），透過一開頭所描寫的「雙重世界」的存在，精彩地闡述了「二」在一個人的成長初期所具有的意義[2]。

其中一邊的世界，是我誕生的家。不……比我誕生的家更狹小……實際上，那裡就只有我的父母而已。這個世界的大部分，是我非常熟悉的事物。它的名字是爸爸與媽媽。它的名字是慈愛與嚴格，模範與訓練。這個世界有柔和的光芒、明亮、與潔淨。這裡住著穩重溫柔的話語、洗淨的手、清潔的衣服、良好的習慣。……

然而就在我自己的家裡，早已開始了另一個世界。它不但樣貌完全不同，氣味、語言也不一樣；它承諾我其他的事物，對我有另外的要求。在這第二個世界裡，有女傭及童僕，怪談與醜聞。各種可怕的、謎樣的事物混雜在一起，與時間一同從我身邊流過，激起我無法抑制的好奇心。在那裡可以聽到關於屠宰場、拘留所、醉漢、不斷咒罵的女人、生小牛的母牛、倒下來的馬，還有強盜、殺人及自殺的事。全部這些美麗而驚人、粗暴而殘酷的事物，就發生在鄰近的巷子、隔壁的房舍裡，圍繞在我們四周。

而不可思議的是，這兩個世界如此相近地緊接在一起。……當然，我住在光明、正常的世

1 原註：Thass-Thienemann, *Symbolic Behavior*, Washington Square Press, Inc., 1968.
2 原註＋譯註：赫曼・赫塞《德米安：徬徨少年時》，林倩葦譯，遠流出版社，2017。

界。我是爸媽的孩子。但不論我將眼睛或耳朵朝向任何地方，都可以看到、聽到另一種事物的存在。雖然很多時候它讓我感覺不合宜、不舒服，讓我良心不安而害怕，但我確實也生活在那個世界裡。不僅如此，有時候我甚至更喜歡待在那個禁忌的世界。每當我回到光明的世界——雖說那是件好事，但其實我沒有選擇，只是不得不回去——幾乎總是覺得，自己回到了比較醜、比較無聊，單調而乏味的地方。

赫曼・赫塞對這兩個世界的描寫實在太精彩了，讓我忍不住引用了很長的一段。他將年輕的主人翁辛克萊心中這兩個對立的世界，描繪得栩栩如生，引起我們的同感。辛克萊很清楚第一世界的好處，但他無法不覺得它無聊又乏味。於是他逐漸走進「另一個世界」，而掉入惡棍法蘭茨・克羅默的陷阱。因為認識克羅默而在他心中產生的「祕密」，儘管是黑暗的祕密，卻成為他走向自立的動力。我們在本書第三章中已經探討過祕密的意義；當時我們所敘述的內容，幾乎可以原封不動地套用在辛克萊身上。當「另一個世界」的黑暗面逐漸擴大而危及青年辛克萊的存在時，德米安出現了，讓事情有了新的發展。辛克萊如何以德米安為領路人，走過靈魂的歷險旅程？且讓讀者們自行在小說《徬徨少年時》中發現。在這裏，讓我們繼續思考這裡所提示的、「二」的象徵意義。

首先，最單純的「二」的存在，是完全相同的事物並列在一起。「回音」與「鏡中影像」就是這樣的現象；我們原封不動地感知到同樣的聲音與樣貌。這樣的「二」沒有深刻的意義，只是顯示出並列、反響或反射。但是，就像 reflection 這個英文字所顯示的，反響與反射其實是內省的開端

（譯案：除了「反響」、「反射」之外，reflection還有「反思」、「省察」等意義）。接下來讓我們來看看希臘神話中有關納西瑟斯的傳說。這是個與「回音」及「鏡中影像」的意義有關的故事。

仙女（Nymph，又譯「寧芙」）厄科（Echo，字面的意思是「回聲」）愛上了美少年納西瑟斯（Narcissus）。但是因為受到天后赫拉的詛咒，厄科無法說出心裡想說的話，只能重複對方話語中最後的詞句。她不知道要如何向納西瑟斯表達自己的愛慕，只是不斷地跟隨在他身後。有一天，納西瑟斯單獨一人，身邊沒有平日的同伴。他對著四周大聲呼叫：「是誰在那裡？」，厄科也馬上跟著大喊：「那裡！」。納西瑟斯說：「你過來！」，她也回答：「你過來！」。接著他們各說了一次：「讓我們見面吧！」。厄科喜出望外，張開雙臂奔向納西瑟斯，但是被他推開了。納西瑟斯說：「要是變成你的愛人，我還不如去死」。厄科重複他的話：「我還不如去死」，然後從此再也不說話了。讀了這個悲傷的愛情故事，讓我想起自閉症孩童的「模仿言語」（Echolalia）。自閉症的孩童面無表情地重複我們所說的話時，說不定心中翻騰洶湧的情感，並不亞於厄科對納西瑟斯的愛。當他們試圖藉著「回聲」接近我們身邊時，我們是不是在無意識中拒絕了他們，而讓他們陷入沉默呢？

不只是厄科，納西瑟斯還玩弄其他仙女的情感，因此受到詛咒，被迫嚐到永遠無法達成的戀情之痛苦。他愛上了映照在水面上、自己的身影，苦苦愛慕而不得回應，最終死去。他不懂得珍惜與厄科相遇的緣分，拒絕與她建立關係，最後迎向這樣的結局，也是理所當然的。

映照出納西瑟斯身影的水面與回聲一樣，都是忠實地反映外部的存在。但是先前我們提過的「魔鏡」所映照出來的，則是內在的真實（第二章第三節）。在這種情況下，另一個存在與原本的存在之間並非單純的並列關係，而是具有對立的意義。或者有時候對這個世界來說，另一個世界是很明確的敵對者。另一些情況下，兩者之間也可能呈現暫時的平衡狀態；這種時候「二」這個數字代表了平衡與安定。

最理想的情況，是兩個世界之間形成「和諧」。兩個世界清楚地分化、各自不同，卻能保持和諧的關係。凱斯特納（Erich Kästner, 1899-1974）的《兩個小洛特》（*Das Doppelet Lottchen*）以輕鬆愉快的筆調，描寫達到和諧狀態之前的過程。小說與民間故事中，經常可以看到面貌酷似的人、雙胞胎、分身等類型的角色登場，都與這樣的主題有關。《兩個小洛特》所講的，是一對容貌相似但性格迥異的雙胞胎姐妹，設法讓分手的父母復合的故事，精彩地描繪出「雙重世界」的分離與結合。

自我與陰影的關係

在我們的內在，雙重世界的存在顯現為自我與陰影的對立。如果自我的防衛完備，有時候我們甚至意識不到陰影的存在。但是，當陰影的力量超越了自我的防衛力並影響到自我的時候，自我與陰影之間會形成各種型態的關係。

首先有一種情況，是自我雖然沒有覺察到陰影的存在，卻受到陰影的某些影響。這種時候我們經常會犯一些意想不到的錯誤，或是忘東忘西。可以說，我們成為心裡頭小 Trickster 的獵物；不經意地說出不該講的話，或是在嚴肅的場面笑出聲來。反過來說，當我們一再反覆愚蠢可笑的錯誤時，就應該思考，是什麼樣的陰影在影響著我們的自我？稍後我們還會提及這一點——如果能明確地辨認對手，就能與它建立關係。

當陰影越接近普遍的陰影，對自我的作用就越發生在意識的深層，自我所受到的影響也會變得無法理解。比如像第三章所說的幻覺、妄想，就是這樣的情況；因為陰影的衝擊力量過大，使我們難以分辨外界與內部。若是以民間故事或神話的方式來表現，自我與陰影的這種關係，或許可以比喻為國家或城鎮受到不明怪物攻擊、威脅的狀態。

這時候如果陰影的力量強大而壓倒自我，就只能走向完全的毀滅。當我們看到，一個人明明知道其莽撞的行為會帶來什麼後果、還是把自己逼上絕路，其背後經常是受到陰影的力量驅使。與捲入自殺或殺人事件的當事者談話的時候，這種感覺特別強烈。馬克白聽到女巫的話之後，在不到十天的期間內所做的行為，就是這樣的典型。就像女巫所說的「乾淨就是骯髒，骯髒就是乾淨」，馬克白失去了自我的辨別能力，完全順著陰影的力量而行動，最後迎向了悲劇性的結局。我們也在第三章看到了，突然發生在德國的陰影，如何在猶太人的上空製造出可怕的「黑夜」。

陰影的這種壓倒性的力量，在神話與民間故事的世界裡，經常表現為破壞一切的洪水、山崩等自然現象，或是融合了大母神（Great Mother）的屬性，表現為吞噬一切的怪物。那是壓倒性的、難以抵抗的「力量」。

當自我無法對抗陰影的力量時，還有一個方法，就是放棄與陰影建立關係而逃走。這時候重要的是不在心裡留下任何不捨，拼命地逃跑。這是神話與民間故事經常出現的「魔法脫逃」（magic flight）的主題。主人翁在逃跑的時候往身後丟的物品，變化成各種東西，阻擋了追趕者的行動。正因為丟掉一切、沒有不捨，所以性命得救。格林童話中有一篇標題為〈教父〉（*Der Herr Gevatter*）的故事。有一個男人去拜訪自己的教父，看到鏟子和掃帚在教父家的樓梯上吵架。第二層樓的樓梯上，倒著一大堆死掉的手指。就像這樣，他沿路看到各種奇怪的景象，讓他心裡越來越不舒服。最後他走到一個房間門口，從鑰匙孔往裡面一看，看見他的教父頭上長了兩支長長的角。男人推門走進去，教父拉起一條毯子裹在頭上，把角遮起來。男人一件一件說出，自己在教父家看到的奇奇怪怪的東西，教父隨口編了一些解釋矇混過去。最後當男人說「您的頭上，長了長長的角」時，教父生氣了：「你在胡說什麼！真是個亂七八糟的孩子！」這時候男人頭也不回地逃出了那棟房子。如果不逃走的話，不知道會遭遇什麼可怕的事情——這是這個故事的要旨。

還有另一種情況，是在陰影的力量壯大到足以壓倒自我之前，就予以拒絕、否定。稍後我們還會談到，當自我與陰影之間建立起適當的關係時，雖然能為我們發展出具有創造性、有意義的生活方式，但也總是伴隨著危險。如果陰影的力量太過強大，自我只有遭到破壞一途。雖然我們說影子、陰影，其實它很少是完全的黑暗。就像日本諺語「小偷亦有三分理」所說的，那裡面也有它自己的某種道理。如果我們不經意地受到它吸引，開始聽其中的「道理」，那麼等在我們面前的就只有走向毀滅的道路。這時候我們必須徹底排除陰影，一刻也不容猶豫。我們必須一舉殺死陰影，或是把它完全關閉在某處。這樣一來陰影將發生變化，變成自我較為容易接受的存在，而再次出現。

有時候陰影的一部分完全接管了自我，形成所謂的「附身」現象；我們在第二章所舉出的就是這樣的例子。在這個真尼特所治療的病例裡，患者阿錫勒與惡魔同一化了。在這種狀況下，雖然自我暫時被陰影佔據，但是並沒有遭到破壞；如果能成功地分離兩者並強化自我，就不難回復到原來的狀態。真尼特的治療方式就是如此。

理想的存在方式，是與陰影保持適當的關係，並且將陰影的內容盡可能地整合到自我之中。要這麼做的第一個步驟，就是「命名」。命名是自我的功能之一。當我們面對未經分化、樣貌模糊的陰影時，因為對象不明確，必定會感到不安。這種時候如果能知道對手的名字，或是適當地為它命名，將會是對陰影產生自覺的第一步。

日本的〈木匠與鬼六〉以及格林童話中的〈名字古怪的小矮人兒〉（*Rumpelstilzchen*，又譯〈侏儒妖〉），都顯示出「知道名字」的重要性。這兩個民間故事，都是以知道對手的名字為中心課題。且讓我們以〈木匠與鬼六〉為例，來說明這個問題。

從前在某個地方，有一條湍急的河。村民們試著在河上架橋，但不論試了多少次都被河水沖走，生活非常不方便，於是委託一位木匠來為他們造橋。木匠幹勁十足地接受了這個工作，但是河水實在太急，他也不知如何是好。這時候來了一個妖怪，跟木匠說：「如果你把眼珠子給我，我就幫你蓋一座橋」，木匠答應了。橋蓋好之後，妖怪依照約定要來取木匠的眼珠子。木匠逃到山上去，遠遠聽到有人唱著這樣的搖籃歌：「乖孩子快快睡，鬼六就要拿眼珠子來給你了」。隔天妖怪追了上來，告訴木匠如果能猜到他的名字，這事就算了；如果猜不出來，他就要拿走木匠的眼珠子。木匠一說出「鬼六」，妖怪瞬間消失得無影無蹤。

這位木匠被動的態度，是這個故事的特徵。首先他接下一個看起來不可能完成的任務，又含糊其詞地與妖怪訂下約定；等到人家真的要來拿走他的眼珠子，才慌慌張張地逃跑。在主人翁被動地聽任自己的欲求擺佈的時候，陰影趁虛而入，設下奸計。但最後，因為主人翁知道了它的名字，也就是認識它來自何方，陰影就消失了蹤影。而木匠因為那首搖籃歌而得救，這一點也發人深省。那首歌，應該是妖怪的太太唱給他的小孩聽的吧！主人翁在遭遇陰影所帶來的危險時，因為母性的存在——就算是惡人的母親也是一樣——而得救；不論東西方的民間故事，都經常可以看到這樣的主題。

「命名」雖然很重要，但是只停留在這個階段是沒有意義的，有時候甚至會導致負面的結果。我們經常誤以為只要知道名稱就瞭解了一切，並藉由這樣的想法逃避問題，不去直接面對陰影。舉例來說，曾經有一位母親，因為小孩不願上學而煩惱。有一天她看到電視上播放的某個專輯節目，探討有關這種孩子的問題，知道了「學校恐懼症」這個名稱，就突然安心了。這位母親原本擔心許多不必要的事，比如自己的孩子是不是精神有問題、需不需要住院等等，而感到很大的壓力。其實，因為知道「學校恐懼症」這個名稱、知道自己孩子的問題所在而感到安心，這件事本身是有意義的；但如果因此就自以為瞭解了一切，而不去做身為父母該做的事，那就傷腦筋了。實際上，這個節目同時也指出患有學校恐懼症的孩子，其父母通常有哪些特徵、應該做些什麼改變等等。儘管如此，這位母親知道「學校恐懼症」這個名稱就感到滿足了，接下去的那些有關父母職責的報導，完全沒有進到她的耳朵裡。她藉著「知道名字」，逃避面對問題的本質。

知道名字之後，我們必須清楚地認識對象。為了做到這一點，我們必須仔細觀察對方，必要的時候與之交談。我們說「交談」，但是與陰影的對話經常帶著「對決」的樣貌。關於這一點，我們留待下一節詳述。關於自我與陰影的關係，讓我們再看看另一種特殊的情況。

這種狀態很難用語言描述。或許可以這樣說——自我雖然接受陰影，但是沒有失去其主體性。就「自我的機能沒有受到破壞」這一點來說，這種狀態與先前談到的、自我受到陰影壓制的狀態不同；和「自我與陰影同一化」的情形也不一樣。當自我與陰影同一化，某種程度會降低認識現實的能力，並且缺乏對陰影的自覺；但是我們現在要說的狀態，不會發生這種狀況。話雖如此，也並非自我保持完全的主體性，而與陰影對決。真要說起來，這種狀態好像只能用「不是……也不是……」這種否定的方式描述。但仔細想想，這似乎是日本人非常擅長的方式。既不是挺身與陰影戰鬥，也不是全面投降，而是享受與陰影微妙的共存。我們在討論分身的夢時所提到的日本人的特性，以及第四章第三節引述的夢所顯示的、接納陰影的態度，都和這一點有關。西洋人經常覺得日本人的這種態度，等於是與陰影同一化、或是受到陰影壓制，同時他們也認為這顯示出日本人的自我力量薄弱。但是對日本人來說，這也是自我與陰影相處的一種方式。

《莊子》的〈魍魎問影〉（譯案：原文是〈罔兩問景〉）一節，將自我的主體性完全相對化。所謂的「魍魎」，指的是陰影外緣，那一圈顏色比較淺、輪廓模糊的陰影。這篇文章，從魍魎對陰影的批判開始。魍魎說：「你一下子行走，一下子又站著不動；坐得好好的，又突然站起來。為什麼行動如此缺乏自主性？」（譯案：原文是「曩子行，今子止；曩子坐，今子起。何其無特操與！」）對於魍魎的指責，陰影這樣回答：

「你指責我只會跟著主人的動作而動作，但事情真的是這樣嗎？我的主人的所作所為，真的是來自他自己的意志嗎？說不定他終究也只是被其他什麼東西所擺佈而已；雖然有形體，其實只是一個空殼。自己為什麼會動？我們永遠不會知道。」

莊子在這裡說的是，自我與陰影一樣，都是主體性不明的存在；「說不定終究也只是被其他什麼東西所擺佈而已」。如果是這樣的完全相對化，或許連自我與陰影的對話也會失去意義。讓我們把這一點放在心上，來思考「與陰影的對話」。

二・與陰影的對話

死亡的象徵

到目前為止本書再三指出，我們與陰影的關係中充滿了危險。也有人因為對陰影著迷，而失去性命。梶井基次郎的〈Kの昇天〉[3]，就平靜地描繪出這樣的死亡。一個滿月的夜晚，K在海邊溺斃，不知道是意外還是自殺。知道內情的「我」一聽到K溺死，心裡立刻升起這樣的想法：「K君終於到月世界去了」。「我」回憶起第一次見到K的事情。那也是個滿月的夜晚。K一個人在海邊來來回回地走著，忽而向前、忽而向後，突然又站著不動。「我」心想，K大概掉了什麼東西吧！走到他旁邊的時候，K跟「我」解釋他的行為。他說，如果在月光下盯著自己的影子，影子會逐漸變得像是有生命的東西。不久之後影子會開始擁有自己的人格，同時我們的心情也會逐漸飄向遠方，到了某個瞬間，就會咻！咻！地向月球飛去。換句話說，靈魂會沿著月亮的光線升天。因為發生過這件事，所以「我」一聽到K的死訊，就覺得K一定是向著月亮飛上天去了。不過，那本來就只是一種直覺。「我」這麼說：「K君曾經跟我說過，影子就像是鴉片那樣的東西。如果我的直覺是對的，那麼就是影子奪走了K君。但我並不固執於自己的直覺。對我自己來說，那份直覺也只能當作一種參考。真正的死因，我也是如墜五里霧中」。

雖然這終究是文學作品，但是在我們的實際經驗裡，也的確會遇到一些不知是意外或自殺的死亡事件，「真正的死因如墜五里霧中」。而大部分這樣的情況，我們會隱約感覺事件的背後有影子的存在。陰影將許多人逼上絕路。在這一節裡，我想來探討陰影與死亡的問題。

首先讓我們思考一下第二章提到的多重人格的事例。第三人格的珍試圖自殺卻獲救，而第四人格的艾芙琳就在這時候出現。艾芙琳是統合性很高的人格；珍在她出現之前試圖自殺，這件事值得思考。當事者的人格發生了急速激烈的改變；而死與重生的祕密儀式，最能以象徵的方式表達這種

3 原註：收錄於梶井基次郎『城のある町にて』（《在有城堡的小鎮》），角川書店，一九七二。

戲劇性的變化。當事者的情況，與一般常說的「死而重生」完全吻合。「珍」這個舊的人格死去，新的人格艾芙琳誕生——不會有比這個更清楚明白的人格變化了。

一般人並沒有這樣的多重人格，無法如此簡單地重生為新的人格。但的確有人有近似的體驗。曾經有一位同性戀的女性，在自殺獲救之後，同性戀的傾向消失了。她表示，「如果不是到鬼門關前走了一回」，自己不可能有這樣的變化。也就是說，這位女性經歷了某種死與重生的體驗。以這個角度來思考，如果說逼她自殺的是她的陰影，那麼要判斷陰影行為的「善惡」，就變得極度困難。珍試著服藥自殺，後來「睜開眼睛」的時候，艾芙琳大叫：「她想要殺死我！」。「她」——也就是珍——想要殺死艾芙琳。但如果我們想到，促使艾芙琳誕生的正是珍的自殺行為，那麼事態的善惡判斷，就變得非常複雜。

從誕生到這個世界上的那一瞬間開始，我們就一直活在死亡的可能性之中。「生」總是朝著「死」前進；所謂「活著」，就是逐漸死去。生命與死亡位於相反的方向；但是死亡的存在，正是我們活著的證據。正因為如此，我們的生命才具有動力與彈性。如果我們想要活得更充實、更完整，那麼就必須在活著的同時，體驗到自己正「逐漸死去」。我所說的「體驗」，意思是將個人的經驗融入自我之中，並且讓它成為決定今後人生態度的指標。但大多數人在生活中，並不會如此深入感受、思考自己的經驗，以讓它成為真正的體驗。舉例來說，我們就經常忘記，活著就是「逐漸走向死亡」這件事。

擔任聖職的樋口和彥（1927-2013）很早就指出，現代人對死亡的態度是有問題的[4]。他認為，古代與中世紀的人們將死亡視為自然的一部分，讓死亡固有的意義巧妙地融入他們的世界觀之中。相反地，現代人「因為看待『死』的方式過於偏頗，對於『死』過度恐懼，讓人類陷入極度的不幸」。的確如此。我們在第三章談論「地下世界」的時候，也曾碰觸到這個問題。古代與中世紀的人在他們的世界觀中，以視覺化的方式為死亡安排了象徵性的位置。但是在現代人的世界觀裡，並沒有容納死者世界的空間。關於這一點，樋口指出：「現代人這種對『死』的想法，更與現代人過於天真而錯誤的肉體觀念有關。許多現代人單純地認為，自己的肉體會無限持續地直線發展下去。……因此死亡對現代人來說，一直是『某種沒有經歷過的事物』，只不過是生命延長線上的一個事件。結果，他們相信直線的生死觀，認為死亡是無需體驗的事」。

正因為現代人這種否定死亡的態度，所以許多前來接受心理治療的人，會在心理分析的情境下以濃縮、集中的方式體驗過去一直遭到他們否定的死亡，也是理所當然的。心理治療以人格的改變為目標，要求患者破壞舊有的自我框架、重新建構新的自我，以走上實現自性的道路。正因為如此，「死亡的體驗」對心理治療來說是必要的。站在這樣的觀點來看，詹姆斯・希爾曼（James Hillman, 1926-2011）之所以說「分析意味著死亡」[5]，也就不難理解。

4 原註：在寫作「肉体の終わりとしての死——宗教心理的視点から——」（《作為肉體的終結之死亡——一個宗教心理觀點的考察》）（『思想の科学 24』一九六四）之後，樋口和彥持續發表了關於死亡的省思與觀察。本書的引用，來自他的「教会心理学における『死』の問題」（《教會心理學中的「死亡」的問題》）（『基督教研究36』一九七〇）。

5 原註：Hillman, J., *Suicide and the Soul*, Hodder and Stoughton, 1964.

話雖如此，象徵世界中的死亡，當然不一定與肉體的死亡有直接的關係。比方來說，讓我們想想第三章第二節所介紹的、那位女學生所做的夢。主人翁「公主」在夢中自殺了；而且做夢的女性也表示「這個夢裡的公主似乎就是她自己」。在這裡，自我與陰影的界線變得模糊，因此「死亡的體驗」也並不是很明確。儘管如此，經由這樣的體驗，這位女性的人格發生了變化，這是事實。

接下來我們要看的，是一位青年在接受榮格派分析師韓德森（Joseph Lewis Henderson, 1903-2007）的分析治療時所寫的詩。這首詩以象徵的方式，表達出對於死亡與重生的渴望[6]。

被捕

我是從海中被釣起的魚
那個在岸邊釣起這條魚的男人，是我
以釣餌引誘我、拉扯釣線的，是我
我想要往下回到深處
但岸上的男人毫不容情
我的少年時代在沙灘上死去
橫臥在巨大的手中
那隻手拉扯釣線、解開釣鉤

跟著將我遞給妻子，要她烹煮

在這首詩裡，被捕獲而死去的魚是我，釣起並烹煮這條魚的，也是我。就像「我的少年時代在沙灘上死去」這句話所說的，一個人從少年轉變為成人的時候，必須經歷一次死亡的體驗。許多社會都有各種不同的「通過儀式」（initiation, the rites of passage），標示出人生的各種重要階段；除了「成人禮」之外，其他還有為了出生、結婚、死亡等等而舉行的儀式；而死與重生，則是所有「通過儀式」的基本結構。這首詩唱出了死與重生的哀傷。

陰影要求自我死去。如果這件事能順利發展成為死與重生的過程，那麼我們將會看到人格的成長。但有時候，自我之死甚至會直接導致當事人肉體的死亡。因為有這樣的危險性存在，有時候自我會反過來逼死陰影。偶爾我們會在夢裡殺人，或是體驗到他人的死亡，這時候死去的經常是我們的陰影的意象。這種時候，被殺死的陰影將會暫時沉入無意識的領域，取得新的形態，變成自我容易接受的樣貌而再次出現。但是，就算是陰影之死，也可能導致當事人的死亡。雖說是陰影，既然是**自己的陰影**，就無法簡單地與自我切割分離。我們曾經在第一章談到，原始部落的人認為影子就是我們的靈魂。此外在文學作品中，王爾德（Oscar Wilde, 1854-1900）的《道林・格雷的畫像》

6 原註：ヘンダーソン（Henderson, J. L.）著、河合・浪花訳『夢と神話の世界——通過儀式の深層心理学的解明——』新泉社 一九七四。

（*The Picture of Dorian Gray*），以及愛倫・坡（Edgar Allan Poe, 1809-1849）的《威廉・威爾森》（*William Wilson*），也都描繪出陰影之死成為當事人之死的故事。

除了自我與陰影難以分離的狀態，還有一件事讓問題更加困難，那就是象徵世界與現實世界、內在與外在的相互對應。對於從事心理分析的人來說，如果患者與陰影的戰鬥，或是患者的死亡，都**僅僅**發生在夢中的世界，那麼我們只要安靜地聆聽就夠了。但實際上，這些事總是與外在的現實交纏在一起。因此在現實中，我們不得不實際面對自殺或他殺的現象。剛才我們也已經看到，那位同性戀的女性最後為了擺脫自己而自殺未遂，說出了「如果不是到鬼門關前走了一回……」這樣的話來。

身為心理治療師的我們，面對企圖自殺、或是自殺未遂的人，必須盡全力防止其身體的死亡，但同時也希望能夠引導他們，透過象徵性的死亡而走向重生。我們總是夾在這兩難的任務之間。如果一個人捨棄內在的死亡而採取自殺這種實際的手段，表示對這個人來說，內在與外在已經混雜在一起而失去了界線。正因為如此，身為治療師的我們也會被逼入痛苦的死角。這時候我們若是一心只想著防止患者自殺，而忘記促成其內在之死，就會摧毀他好不容易燃起的重生的願望。以結果來說，這種時候當事人——當然他本人並沒有明確地意識到這一點——要不是對阻止他自殺的人懷恨在心，就是一再反覆自殺的企圖。

如果心理治療師在與患者互動的時候，能夠一方面努力防止當事人身體的死亡，同時尊重當事人內在求死的願望，那麼解決經常發生在當事人的無意識領域中。有不少試圖自殺、對於死亡毫無畏懼的人，當他們夢見自己被宣告得了不治之症、或是被猛獸追趕時，會感受到「死亡的恐懼」而興起「我要活下去！」的願望。原本認為自己不害怕死亡的人，在夢中體驗到死亡的恐懼而受到驚嚇。我認為，實際上自殺的人並不是因為心理素質強大而不害怕死亡，反而是因為自我過於軟弱，而無法感受到死亡的可怕。我要是聽到一直表示自己不害怕死亡的人，告訴我他在夢裡不斷逃避猛獸的追殺，就會忍不住浮出 Trickster 的一面，想要跟他開玩笑：「可惜！你不是一直想要自殺嗎？難得有這樣的機會，應該讓牠把你吃掉就好了」。

雖然說自我與陰影的對決經常是攸關生死的事，但也不見得總是以真正的死亡體驗出現。當然，比起在現實中真的發生自殺或殺人的事件，我們更希望當事人以內在的方式體驗死亡。而且即使是在患者的內心世界，比起死亡，我們更希望自我與陰影都能好好活著而互相對話。重要的是，從事心理治療工作的我們，能以多麼認真的態度來面對陰影的要求？我們能不能把患者的問題當作自己的事？這過程中所發生的事件，規模的大小並不是主要的問題。我們在談論自殺的時候也曾經說過，很多時候我們內在的體驗，與外在事件的規模成反比；對於大的事件，我們的感受反而比較淺。那是因為當外在的事件過於巨大，自我無力承受，無法消化這一切。

有一個夢，切實地表現出「陰影之死」及「與陰影對決」的問題。雖然已經在別的地方發表過[7]，但因為非常貼近我們的主題，所以再引述一次。那是一位二十五歲的男性所做的夢。

7　原註：拙著『ユング心理学入門』（《榮格心理學入門》）培風館，一九六七。

夢：我的哥哥因為做了某些反社會的行為，即將被逮捕。在夢裡，那是武士的時代。比起被逮捕，哥哥更希望切腹自殺。我也覺得那是理所當然的。然而真的到了要切腹的時候，我突然清楚地明白了「死」的意義，拼命地阻止哥哥。我大喊：「不要死！不管發生什麼事情，只要還活著，我們就有機會見面、對話。死了就什麼都完了！不要死！」

做這個夢的人，是一個遵守社會規範、凡事循規蹈矩的人，但他的哥哥則是不惜違法也要打破現狀，以行動改善現實狀態的人。這位個性相反的哥哥是當事人陰影的意象，這一點是無需贅言的；他夢見哥哥做了反社會的行為，也顯示出這一點。但是，當事人巧妙地把這個夢的舞台設定在「武士的時代」，讓自己與陰影之間的角色分配產生變化，並得以建立關係。哥哥表示，與其遭到逮捕還不如切腹死去，他自己也覺得那是理所當然的。這個部分是遵守社會規範、從不踰矩的人常有的反應，但是連陰影都表現出服從的態度，這一點很有趣。然而到了最後的瞬間，這位當事人的態度突然有了一百八十度的轉變，不惜違背社會共同的價值觀，也要他哥哥活下去。當事人打破社會規範，聽從自己心中的情感，希望以行動讓陰影免於一死。他大喊：「只要還活著，就有機會對話」這件事，具有深刻的意義。未來，透過與倖免於死的陰影反覆對話，這個人很有可能逐漸改變其生命的態度。我認為，比起簡單地期待陰影或自己的死亡，持續與陰影對話——即使這麼做會對我們帶來生不如死的痛苦——是更具建設性的作法。

我們與陰影的對話雖然也會在自己心裡進行，但更多的時候我們是將陰影投射在某個實際存在的人身上，與那個人對話。日常生活中，我們會與身邊的人交談、甚至是爭論。但如果這樣的互動接近我們與陰影的關係，對話就不再是對話，而更像是對決。那絕不是輕鬆的事情，而是賭上自己的存在的行為。接下來就讓我們看一個這種對話的例子。那是著名的電影《俘虜》（*Merry Christmas, Mr. Lawrence*）的原著小說 *A Bar of Shadow*[8]（暫譯：《暗影牢欄》）裡所敘述的故事。作者是勞倫斯・范德坡（Sir Laurens Jan van der Post, 1906-1996）。

這是第二次世界大戰中，被日本軍俘虜的英國人約翰・羅倫斯，與日本軍曹「原」之間的故事。它雖然是虛構的故事，但作者范德坡曾經是日本軍的俘虜，這是眾所週知的事。閱讀他更接近實際經驗的近期作品 *The Night of the New Moon*[9]（暫譯：《新月之夜》），也可以看出《暗影牢欄》的「故事」之真實性。

羅倫斯被囚禁在馬來亞俘虜營。那裡雖然也有一位年輕的少尉擔任名目上的司令官，但實際上掌管一切的是魔鬼般的日本軍曹「原」。「原」對長官的態度雖然誠實正直，但「私底下，『原』毫無疑問地感覺到自己的優秀。當他覺得必要的時候，會立刻挺身指揮全場，毫不遲疑」。他的個

8　原註：van der Psot, L., *A Bar of Shadow*.

9　原註：van der Post, L., *The Night of the New Moon*. 這本書在美國出版的時候，標題被更換為 *The Prisoner and the B　h*, William Morrow and Company, Inc., 1971.

子很矮、身體很寬，看起來就像個正方形。腦袋小到幾乎看不到，O型的腿又短又外八，嘴裡一排鑲金的牙齒。他對俘虜會有多麼嚴苛殘酷，我們不難想像。甚至連對自己的部下也是如此——為了「振作部下的精神」，從前日本軍的下級士官幹過什麼樣的事情，我們都很清楚。對於俘虜們來說，「原」是「黑白的野獸」，也是「黃色的野獸」。而除了那些被「原」殺死的人以外，羅倫斯是受到虐待最嚴重的人。

但是，對於這受到所有俘虜害怕、厭惡的「原」，羅倫斯的觀察卻是公正的。

「總之，只要稍微看一下他的雙眼就能感覺到」——羅倫斯說。「那對眼睛裡，沒有任何一絲卑劣或不誠實的陰影。那裡面有的，就只是遠古的光芒。那是補充了現代的燃油，而更加明亮閃耀的遠古光芒。那個男人身上，有某些讓人不由自主地喜歡、尊敬的東西。」

關於「原」，羅倫斯還這麼說：

「『原』是活生生的神話。藉由人的形象，出現在這個世界的神話。他是內在對未來的強烈願景的具體展現。這個潛藏於日本人無意識深處的願景讓他們團結一致，塑造並影響他們的思考與行動。而『原』就是這個潛藏在無意識深處的願景的具體化身。」

或許正因為這樣的深刻理解，羅倫斯與「原」之間，暗地裡產生了友情。「原」對羅倫斯的粗暴對待，也可能是「原」友情的表現。有一天夜晚，喝醉了酒的「原」把羅倫斯找來。兩人在說話的時候，「原」問羅倫斯，為什麼寧願忍耐成為俘虜的恥辱，也要活下去？「原」這麼說：「如果你死了，我應該會更喜歡你吧！」。對於這番話，羅倫斯這麼回答：「就算我承認成為俘虜是一種恥辱吧！但恥辱和危險一樣，都是我們應該為了活下去而勇敢承擔的東西。我們不應該為了逃避恥辱而捨棄自己的生命；這麼做是怯懦的行為」。但是「原」無法理解。他說：「不對！不對！你只是怕死而已！」努力想要忽視羅倫斯的主張。

羅倫斯因為某些罪名而被關入單人牢房，每天接受拷問。「原」也跟著「憲兵隊」一起拷問羅倫斯，但那並不是因為他想這麼做。他有一種「幾乎是神祕的、深沉的必然的感覺」，只要是周遭的人所做的事，全部得跟著做。「彷彿他們完全無法以個人的身分感受到任何事。其中任何一個人的思考或行為，立刻會傳染給其他人；『殘虐的行為』這種可悲的疾病，就像黑死病或黃熱病一樣，一瞬間抹殺了他們個人的抵抗心」。戰前羅倫斯曾經住在日本，非常喜歡日本人。但即使是這樣的羅倫斯，日本人這種「拒絕以個人的身分存活」的生活方式，也讓他忍不住覺得日本的社會是「以女王蜂為中心的、蜜蜂的高等社會。只不過他們的這隻女王蜂是公的，那就是天皇」。

就在這每天接受拷問的日子裡，有一天晚上，羅倫斯突然被叫了出去。他心想，應該又是一頓毒打吧！但這時候，「原」跟他說了想像不到的話。

「羅倫斯先生，你知道聖誕老人嗎？」

名字後面被加上「先生」兩字，是羅倫斯想都沒想過的事，讓他嚇了一跳。他費了一番力氣，才終於回答：「知道」。

「哈哈哈！」「原」一臉得意的神情，一邊大笑一邊說：「今天晚上，我就是聖誕老人！」他告訴羅倫斯，不用再被關在單人牢房了。羅倫斯半信半疑，正要往外走的時候，突然從背後傳來「原」像發號施令一樣的大嗓門。

「羅倫斯！」

羅倫斯絕望地幾乎要閉上眼睛，慢慢轉過身來。這應該是日本人惡毒的玩笑，是拷問的一部分吧！因為再怎麼想，也完全不可能突然被釋放。可是，「原」還是笑咪咪的。然後他對著羅倫斯大聲吆喝。

「Lawrence, Merry Christmas!（羅倫斯，聖誕快樂！）」

事實上對羅倫斯來說，「原」真的是「聖誕老人」。後來才知道，日本軍方原本決定要在十二月二十七日處死羅倫斯，但是「原」為他申請了特赦。剛好在聖誕節這一天，「原」收到了上級來的赦免令，羅倫斯得以免於一死。

戰爭接近尾聲，俘虜營裡「原」的部下們突然轉變態度，甚至開始奉承、討好俘虜們。但是只有「原」依然故我，不為所動。他的言行始終忠於自己的信念。這段時間發生的事情我們就略過不談，戰爭終於結束了，「原」淪為戰犯。羅倫斯為了保住「原」的性命而四處奔走，但一切努力都失敗了。從審判一開始，「原」就承認自己的所作所為，接受死刑宣判的時候，眉毛連皺都沒皺一下。離開法庭的時候，他與羅倫斯目光相接，帶著手銬的雙手高舉過頭、臉上堆滿了微笑，那樣子就像剛在世界冠軍爭奪戰中取得勝利的拳王一樣。

死刑的前一天，「原」要求與羅倫斯見面。那天深夜，羅倫斯到監獄探視他。「原」已經做好心理準備，洗了乾乾淨淨的澡，頭髮也剃得精光。他開始說話。

「我一直覺得，你是了解我們日本人的。基於義務，有時候我不得不打你，但是打你的不是我這個個人。我一直認為，如果是你，一定能了解我這麼做是非不得已的，只是因為不做不行而已。你是那種，即使被我毆打也不會懷恨在心的人。我一直聽說你們英國人是公平、公正的。不管在我們眼裡你們看來有什麼缺點，我們一直認為你們是值得尊敬的、公正的民族」。

在「原」的想法裡，他一直是以正確的方式對待俘虜。他當然不害怕死亡。他只是無法了解，自己為什麼必須以罪人的身分受死。「原」要羅倫斯告訴他，自己哪裡做錯了。對於這個問題，羅倫斯無法回答。羅倫斯對二次戰後的軍事審判，抱持深深的懷疑。儘管他自己遭受過日本人無數次的拷問、好幾次接近死亡邊緣，但是羅倫斯認為戰爭審判所表現出來的，只是一種「莫名其妙的復仇心」。

「如今我們用來審判他的，不但不是他的法律，而且是他過去從未聽過的法律。這就像當時他與他的長官，用違背日本法規——不是我們的法規——為理由，懲罰我們、殺死我們一樣。兩者同樣都是惡。『原』並沒有犯下違反他內心光明的罪。……或許我們可以說，他依據正確的理由，做了邪惡的事。但是，現在我們認為自己在做正確的事，用的卻是錯誤的方法；這樣的我們，為什麼有資格來清算他的罪行？」

但是，羅倫斯什麼事也做不了。他只能告訴「原」，如果自己有那樣的權力，他會非常樂意釋放「原」，讓他回到家人身邊。「原」深深向他致謝，並且問他：「那麼，我該怎麼做才好？」。羅倫斯終於這麼說了：

「囚禁在你指揮下的監獄裡時，每當我的部下感到絕望，我都會告訴他們一些話。這些話，也請你說給自己聽：『有一種路，叫作以敗求勝。現在我們必須做的，就是在挫敗中發現勝利的道路，不是嗎？』。我認為現在的處境對你來說，也是朝向征服與勝利的道路。」

「原」非常感動地說：

「這……這個……羅倫斯先生，就是這個！這正是日本人的想法！」

兩人談了不少話，分離的時刻終於到臨。正要離去的羅倫斯背後，響起了「原」的大嗓門。

「Merry Christmas, Mr. Lawrence!」

驀然回頭，羅倫斯看到「原」純淨美麗的雙瞳，本能地想要將他抱在懷裡，親吻他的額頭告別。但是身為英國士官的自我意識，不允許他這麼做。他把「原」留在身後，關上了門。回到大街、走在路上的時候，他想起「原」最後的表情。後悔的心情越來越加擴大，他很氣那「高尚」的意識阻止了自己本能的行為。終於他下定決心折返，回到監獄，但是「原」已經被吊死了。

「我們總是必須晚那麼一步嗎？」——羅倫斯的這句獨白，就像「牢欄暗影」一樣籠罩在我們心頭。故事就在這裡結束。

關於我們與陰影的對話、東方與西方的對話，這個故事能刺激我們許多思考，因此我用了很長的篇幅來介紹。一般西洋人將「原」視為「黃色的野獸」，羅倫斯卻嘗試與他對話。但是在日本人「原」握有主導權的俘虜營裡，「對話」主要是透過身體的方式進行的。換句話說，那絕大部分是「原」對羅倫斯的毆打與拷問。如果說還有其他方式，或許就是在俘虜之中只有羅倫斯看得到的，「原」瞳孔裡閃耀的光輝。羅倫斯將這些非語言的行為看做是一種溝通，從中讀取了深刻的意義。正因為如此，他才會「不由自主地喜歡、尊敬」「原」。他雖然沒有透過語言表達，但是「原」了解他心裡的感覺。跟著，「原」送給了羅倫斯一個聖誕大禮物。這時候，「原」用英語說出的——除此之外，羅倫斯從沒聽過「原」講過其他英語——「Merry Christmas!」，也令人印象深刻。

戰爭的結束是一個分界點，從此他們兩人的立場倒轉了過來。成為死刑囚的「原」與羅倫斯之間的溝通，開始全部以言語進行。無懼於死亡的「原」質問「為什麼？」這件事，有很深刻的意義。如果「原」完全依照日本人的人生觀行動，那麼照理說他會告訴自己「這也是沒辦法的事」而接受一切。但是以拳王的姿態接受死刑宣判的他，卻在面臨死亡之際質問「為什麼？」，這不正是西洋人會問的問題嗎？他並沒有這樣想：「正不正確不是問題，因為輸了，所以是沒辦法的事」，反而問了一個合乎理性的問題：「自己做了正確的事，為什麼必須以罪人的身分受死？」。相反地，羅倫斯的回答則完全是日本式的想法。

在這裡，作者清楚地描繪出與陰影談話的特性。如果要認真與陰影對話，我們就必須一腳踩進陰影的世界。那不是與自己沒有關係的、惡的世界；我們必須認識到，自己的內在也有那樣的世界，而那裡面也蘊藏著它自己的光輝。戰爭結束後的這番對話，和過去他們在俘虜營裡一面喝著酒的交談，形成了良好的對照。那時候「原」譴責羅倫斯忍受身為俘虜的恥辱活著，羅倫斯則以自己的想法反駁。兩個人都一步也沒有踏出自己的世界，最後在當時環境下的強者「原」，用忽視對方的態度結束了談話。那不是真正意義下的對話。如果一步也不踏入對方的世界，對話是不會開始的。

儘管如此，最後羅倫斯卻因為沒有忠於自己的情感而擁抱「原」，無法不感到後悔。「我們總是必須晚那麼一步嗎？」——羅倫斯問的這句話，恐怕是所有人共通的問題吧！只要是身而為人，我們就沒有足以擁抱陰影的力量，不是嗎？我們同樣都是人，同樣都必須背負著自己的陰影活下去，而這陰影是永遠不會消失的。雖然我們說陰影的自覺、陰影的統合，但我們所能做的，只不過是從廣大無邊的汪洋中，舀起一個手掌大的水而已。一個手掌的水也有無限的粒子，這是事實；但是殘留下來的水，當然更是無限的。

陰影的暴露

剛剛我們指出，羅倫斯與「原」在日軍俘虜營裡談論身為俘虜的恥辱時，與「原」死刑的前夜兩人的對話，有顯著的差別。前者的情況，兩人自始至終都在維護自己既有的人生觀，最後只能以忽視對方來結束談話，除此之外別無他法。但是在後來那一次的對話中，「原」持續地質問「為什麼」自己必須以這樣的方式死去。那是他過去所抱持的、日本式命運觀念的陰影的部分；「原」在這裡毫無保留地暴露出自己的陰影。對此，身為英國人的羅倫斯也清楚地表示，受到其他英國人肯定的戰爭審判，有其陰影的存在。羅倫斯說出的想法，甚至讓「原」大聲叫喊：「就是這個！這正是日本人的想法！」。也就是說，羅倫斯也在這裡毫無保留地，將自己的陰影暴露在對方面前。

任何兩個人的對話，如果真的要具有建設性的意義，就必須互相坦誠，向對方揭露自己的陰影。但這是極為困難的事，只有等到「時機」成熟才可能發生。在沒有充分準備的狀況下暴露自己的陰影，如果遭受對方攻擊，將會是致命的。又或者如果雙方都沒有背負陰影的決心，這樣的揭露會誘使兩人沉浸在感傷之中，一起沉淪到黑暗世界。

關於東方與西方對於陰影的揭露，還有一個很好的例子。那是德國哲學家奧根・海瑞格（Eugen Herrigel, 1884-1955）與他的弓道老師，阿波研造（1880-1939）師父之間所發生的事。從一九二四年開始的五年間，海瑞格在日本的東北帝國大學教授哲學。相信有很多人都知道，他在有名的著作《箭藝與禪心》（『弓と禅』）[10]中，敘述了在這段時間裡學習日本弓道的心得與過程，這裡就不再贅述。我只想舉出其中的一件事來討論。

專攻理性主義哲學的海瑞格，與大師的對話陷入僵局。他說：「我拉弓放箭，是為了射中目標。所以拉弓是為了達到目的的手段。這兩者的關係，我不可以忘記……」。對於他所說的，師父提高聲量回答：「正確的弓道既沒有目的、也沒有意圖！如果你如此執著於目標，那麼越努力學

10　譯註：奧根・海瑞格《箭藝與禪心》，魯宓譯，心靈工坊出版，2021。

習，就越不會成功，離靶心就越遠。你那刻意堅持的意志，就是你的阻礙……」。如果是日本人，早就放棄與師父爭辯了，但是這位西洋哲學家堅持邏輯、追問到底。最後阿波師父說：

「從來沒有弟子問過我這種事。所以我不知道正確的答案。」

「那麼我們什麼時候開始學新的東西？」

「等時機成熟。」

對話就在這裡結束。類似的爭執反覆了好幾次，師父終於准許他朝著箭靶放箭。但即使到了這個階段，師父還是強調：「從你的腦子裡趕走射中的念頭！」，而海瑞格還是滿腹狐疑：「不瞄準目標如何能射中？」兩人的談話一直是平行線，沒有交集。於是有一天，這位原本性情溫和敦厚的哲學家，突然從嘴裡迸出這樣一句話來：「這麼說老師您就算戴著眼罩，也一定可以射中箭靶囉？」對於海瑞格的挑釁，阿波師父只說了一句：「請你今晚過來。」

那天晚上，在籠罩著一片漆黑的道場裡，只憑著一柱線香的火光，阿波師父在海瑞格面前試著放箭。

「他的第一支箭，從光亮處射向一片黑暗。聽到炸裂聲，我知道射中了。第二支箭也射中了。當箭靶後方土牆上的燈亮起，我看到第一支箭射中靶心的中央，而第二支箭擊碎了第一支箭的箭尾、劈開它的箭桿，與第一支箭一起插在靶心上。我看得目瞪口呆，捨不得把箭一支一支分別拔起，於是連著箭靶一起帶了回去」。

這真的就像海瑞格所說的——「很顯然，師父用這兩支箭，連我也一起射中了」。從那一夜開始，他像是變了一個人似地，開始埋頭練習。

非常有趣的是，師父是為了海瑞格，才試著在黑暗中射箭的。海瑞格無意間衝口而出的這句話：「這麼說老師您就算戴著眼罩，也一定可以射中箭靶囉？」，很明顯地具有 Trickster 的性格。那是從正直而一板一眼、一心想要追求弓道的學究口裡吐出的挑戰帖。這裡面可以感受到這樣的諷刺：「老師盡說些高深莫測的話，您是不是覺得自己蒙起眼睛也可以射中目標？」。心裡的疑問一直得不到解答，即使海瑞格想保持禮儀端正的學究態度，也已經達到忍耐的極限了。這時候阿波師父心裡所想的就算不是「讓這個失禮的西洋人開開眼界」，而是「為了教導這位熱心的西洋人弟子」所以試著在黑暗中射箭，這樣的想法和他平常一直主張的「正確的弓道既沒有目的、也沒有意圖！」要如何兜在一起？他難道沒有「為喜愛的弟子做點什麼」的意圖嗎？

我們在這裡看到的，也可說是「陰影的暴露」吧！從講究邏輯的哲學家的陰影裡，跳出來挑釁的 Trickster；而作為一種回應，阿波師父也抱著「為了學生」這樣的意圖面向箭靶，暴露出自己的陰影。第二支箭射中第一支箭的箭尾，這個驚人的結果顯示出，阿波師父暴露自己陰影的行為，發生在「成熟的時機」。但是如果把「時機」的因素也考慮進來，這個現象就不單純是暴露陰影的問題而已了。

阿波師父告訴海瑞格「請你今晚過來」的時候，如果說一點也沒有「為了這個弟子」的想法，那是騙人的。但是，我不認為他是為了讓這個西洋人服氣，而有意要表演「絕技」。在這位大師的心裡，「結果」應該是沒有意義的，也應該沒有任何對「結果」的「預測」。說得極端一點，如果他在黑暗中試射不中，海瑞格因此離他而去，他應該也完全不在意吧！假使他的心有一絲絲想要讓弟子服氣的想法，大概就不會有這樣的結果。後來他對海瑞格說明，第一支箭之所以能射中目標，是因為自己非常熟悉這個道場；雖然說是在黑暗中，也不值得驚訝。「但是射中第一支箭的第二支箭，該怎麼想比較好呢？……總之我知道，那不應該歸功於「我」。放箭的是「那個」。然後就射中了。面對箭靶我們只能低下頭來——就像在佛陀面前一樣——不是嗎？」

一切都是「那個」的作為。這樣想的話，我們就不能將這個事件單獨切割出來思考。為了思考它的本質，我們就必須考慮阿波師父與海瑞格之間，以及圍繞著他們的所有事物之間所發生過的事。在那個夜晚之前，海瑞格為自己設計了許多練習；那種極度「合理主義」的思考方式，幾乎讓我們失笑。舉例來說，他為了要在「無意圖」的狀況下放箭，下了許多「工夫」；比如刻意讓拉弓的手、壓著大拇指的三根指頭，一點一點地鬆掉力氣。阿波師父看了之後瞠目結舌，甚至表示不想再教他了。還有，阿波師父也做了有意圖的努力。為了更了解海瑞格，他開始閱讀哲學概論——雖然中途放棄了。就在這一連串的過程中，「那個」演出了讓第二支箭射中第一支箭的奇蹟。在「那個」的巧妙安排中，兩個人的陰影都被順利地包容進來，形成了整體。在「那個」一貫的作用下，兩個人都體驗到了陰影的暴露。這一點和「原」與羅倫斯對話的情況是一樣的。[11] 陰影的暴露，正因為發生在背後「那個」的佈置中，而有了高度的意義。「那個」的佈置的「時機」問題，與我們先前提過的「共時性」有關。阿波師父曾經對海瑞格這麼說：「自然中的一致性，儘管不可理解，卻是實際存在的。我們除了熟悉、習慣它，沒有別的辦法。這一點請不要忘記」。阿波師父這一段話所講的，正是榮格所說的「共時性」。只有在發生為這樣的共時現象時，陰影的暴露才具有意義。

三．陰影與創造性

創造性

從很早期開始，榮格就經常指出創造性與無意識的關聯。最初佛洛伊德提倡無意識概念的時候，強調無意識是受到意識壓抑的心理內容的累積，但榮格則注意到無意識所具有的創造性。

如果以簡單的方式，描述發生在一個人內心中的創造過程，應該會是這樣子吧——首先，為了產生新的想法，或是以新的方式組合既有的知識，這個人會有意識地嘗試各種努力。但是，當他發現不管怎麼做都是白費工夫，他的意識集中力會開始衰退；從外表看起來，呈現放空的狀態。這時

11　原註：如果我們閱讀范德坡的《新月之夜》，對這件事會有更深的感受。羅倫斯與「原」的關係背後，與日本及英美令人束手無策的陰影息息相關，而這些因素被佈置成一個整體。

候原本自我所使用的心理能量會向後退行，朝無意識的方向流去。同時，這個人會體驗到一種混沌的狀態，心中飄過各種愚蠢的想法、幼稚的念頭或幻想。如果這個人不輕易地否定這些乍看愚蠢的想法，任其自由飄動，這些想法會逐漸獲得力量，有時甚至會威脅到自我的存在。

意識與無意識的對立就在這裡發生。重要的是，當事者必須能夠長期忍受這種對立的狀態。即使以這樣的對立關係為中心，無意識的力量仍然會發生影響，改變思考的樣態，催生新的內容。不久之後，當事者將會發現超越此對立關係的和諧。並不是透過否定對立的任何一方來做出決定，而是開闢能夠同時活用兩者的、統合的道路。創造的祕密就在這裡。這時候，原本逆向流往無意識中的能量會再次倒轉方向，開始流向自我；而再次獲得力量的自我，就能在與現實的互動中，穩固地開拓新的統合之道。

如果更仔細地觀察意識與無意識在創造過程中的對立，就會發現一種模式存在。這種模式，就是在自我與阿尼瑪（阿尼姆斯）之間，始終有陰影介於其中。我們在第一章所介紹的第一個夢，就巧妙地描繪出這一點。其實只要注意觀察就會發現，本書裡到處都可以看到這樣的模式。我們在分析霍夫曼的小說時曾經看到，陰影撮合了主人翁與阿尼瑪。還有，小丑將王與邊境連結在一起。Trickster自由出沒在日常與非日常的世界（請參照圖5）。也就是說，陰影存在於我們走向阿尼瑪的途中。

圖5的A表示，當陰影不至於威脅到自我的存在時，它扮演了一種仲介者的角色，就像小丑促成主人翁與戀人的結合。不過，一旦陰影壯大起來——像B所顯示的那樣——自我與阿尼瑪都將被

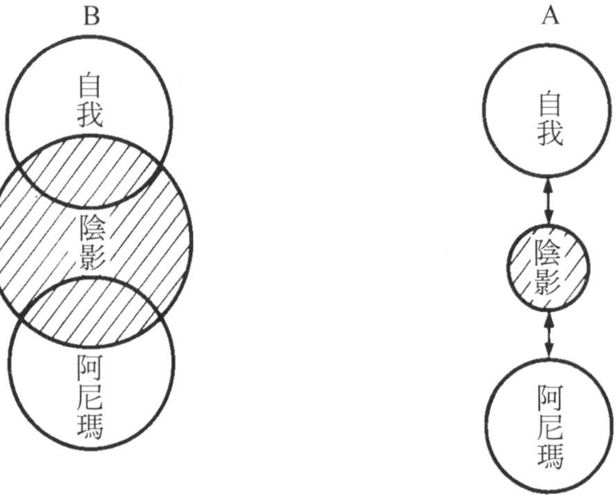

圖 5　自我—陰影—阿尼瑪

包覆在陰影之中，變得無法區別。如果這時候陰影的力量越來越強大，甚至會導致自我的毀壞。這是創造過程的可怕之處。因為對於創造來說，陰影是不可或缺的。

創造過程中不可或缺的陰影，到底是什麼？所謂陰影，原本就是不為自我所接受的東西，幾乎與「惡」是同義詞。特別是如果問題出在個人的陰影，那麼對當事人來說，要接受陰影是非常痛苦的事。雖然有時候在他人的眼裡看來，這陰影有可能反而是令人欽羨的東西，但是在當事人的感覺裡，它幾乎就等於是「惡」。但是，創造性的層次越是深入，相對地陰影也會越來越深沉而接近普遍的陰影，開始呈現「惡」的樣貌。我們甚至必須說，「如果沒有經歷過惡的體驗，自我的實現是不可能的」[12]。少量的毒

12　原註：Frey-Rohn, L., *Evil from the Psychological Point of View*, In, Evil, ed. By The Curatorium of the C. G. Jung Institute, Northwestern University Press, 1967.

藥，有可能是救命的良藥。因此才有人主張，「心理治療與其他醫療的情況一樣，最重要的是注意毒藥的『投劑量』。」[13]

如果心理治療的任務只停留在消除精神官能症患者的症狀，上述的事情不會是什麼大問題。但如果牽涉到自性的實現，那麼它就成了困難的重大課題。不僅如此，它還跟上一節提到的「陰影的暴露」的問題交纏在一起。有人說，「心理治療師以其本身的弱點來一決勝負。」經常在心理治療的過程中，治療者要不是自己暴露其弱點——亦即陰影的部分——就是被對方揭發。治療者必須持續等待從痛苦的「陰影體驗」中產生的機會（Kairos），才能完成治療的工作。心理治療的目標，是為每個人尋找其創造性的生活方式。而每一次患者開始他獨特的創造過程時，身為心理治療師的我們，也會隨之經歷痛苦的體驗。

話雖如此，我們當然不是在鼓勵惡。自性實現的要求，必然會招來陰影的介入；而以「違背社會一般的想法與規範」這一點來說，這樣的陰影很接近通稱的惡。這時候我們既不能完全遵從社會一般的想法而片面地壓抑陰影，也不應該放任陰影無限制地發揮其力量。我們不能否定任何一方，而應該「等待」調和兩者的時機到來。那時候打開來的「第三條道路」，將會是屬於當事者自己的東西，讓他的個性在真正的意義下得到發展、發揮。而因為那終究是個性化的事，所以沒有任何人能事先預測，也無法為它規定方向。

如果從日本人的特性來看剛剛所說的事情，會是什麼樣的情形？這一點或許需要稍加註釋。我們描述了自我與無意識的對立與矛盾，但這樣的公式能夠套用到日本人身上，到什麼樣的程度？這是值得懷疑的事。我們已經提到過許多次，日本人不但容許自我與陰影共存，甚至是享受那「薄暗微明」的狀態。日本人珍視這種微明的意識，慎重地予以保存；對於這樣的日本人，先前我們談的那些事情有多少意義？那又是什麼樣的意義？這是我們今後必須持續思考的課題。換個方式說，今後日本人的自性實現，將往什麼方向前進？

阿卜拉克薩斯

赫曼．赫塞在小說《徬徨少年時》的開頭，精彩地描繪出雙重世界的存在。而作為「第三條道路」的指引者，他提出了「阿卜拉克薩斯」（Abraxas）這位神的名字。

「鳥兒費盡全力，想要從卵裡破殼而出。卵就是世界。想要誕生的事物，必定需要打破某個世界。鳥兒向著神飛去。那位神，名字就叫阿卜拉克薩斯。」

阿卜拉克薩斯將神性與魔性的事物融合在一起。因此有許多為雙重世界的矛盾所苦的青年，受到他的吸引。赫塞很可能是透過榮格而認識阿卜拉克薩斯的。赫塞曾經接受過榮格弟子的心理分析，這是許多人都知道的事。榮格與赫塞不僅見過面[14]，也曾經有過信件往來。榮格的《向死者的七次講道》（*Seven Sermons to the Dead*），比《徬徨少年時》早了三年出版；而《向死者的七次

---

13 原註：ibid.

14 原註：關於榮格與赫塞之間的往來，請參閱 Serano, M, C. G., *Jung and Hermann Hesse, A Record of Two Friendships*, Routledge & Kegan Paul, 1966.

講道》裡，就出現了阿卜拉克薩斯的名字。

一九一六年，榮格以他過去驚人的內在體驗為根據，自費出版了一本小冊子。這本小冊子，可以說是指引他個人第三條道路的神話。他以「東西方交界的都市亞力山卓的巴西利德」為筆名出版，只分送給少數親密的友人與知己。雖然他後來自己表示那是個「年少輕狂的錯誤」，但也同意將它作為附錄編入死後出版的《自傳》[15]中，向一般大眾公開。我們可以透過《自傳》，知道它的內容。

《向死者的七次講道》是從這樣的一段話開始的：

「死者們沒有找到他們想要的，從耶路撒冷回來了。他們來到我的家，乞求我的教誨。於是我開始說話。」整本小冊子的形式，是在耶路撒冷找不到他們所求、徒勞而返的死者們，與智者巴西利德之間的對話。巴西利德首先這麼說了：

「聽著，我從無說起。無等於充滿。在無限之中，充滿與無是相同的。無既是空，也是充滿。」巴西利德將所有現實存在的根源——無與充滿——命名為「浦雷羅馬」（Pleroma）。一個一個現實的存在，都是依據個體化的原理，從浦雷羅馬這個根源性的存在中分化出來的。這些個體的存在特性，顯現為活動與停止、善與惡、生與死等等對立性的存在。於是我們有了惡魔。惡魔與神、與浦雷羅馬都不同；惡魔在出現的時候，就被規定為神的對立物。

神與惡魔，是我們稱之為浦雷羅馬的無最初的顯現。……

人們以充實與空虛、生產與破壞，來區別神與惡魔。但如果說到「作為」，那麼兩者是共通的。作為存在於兩者之上，是神上之神。因為神上之神的作為，讓充滿與空虛合而為一。這是你們所不知道的神。人們已經忘記了祂的存在。讓我們將祂命名為「阿卜拉克薩斯」吧！祂是比神與惡魔，都更加不確定的存在。

為了區別神與阿卜拉克薩斯，讓我們將神命名為「海利歐斯」（Helios），或是稱呼它為太陽之神。……

阿卜拉克薩斯存在於太陽之上，也存在於惡魔之上。那是不可能的可能性，是無作為的作為。如果浦雷羅馬是一種存在，那麼阿卜拉克薩斯就是它的顯現。……

聽到巴西利德所說的神、阿卜拉克薩斯的名字，死者們一陣騷動。因為他們都是基督徒。但是，死者們開始叫喊：「多跟我們說說至高無上的神！」。於是智者這麼說：

阿卜拉克薩斯是難以認識的神。人無法辨認出祂的力量，所以祂的力量是最大的。人們從太陽身上經驗到最高的善（summum bonum），從惡魔身上經驗到最低等的惡（infimum

 原註＋譯註：Jung, C. G., *Memories, Dreams, Reflections*, ed. Aniela Jaffé, Random House, Inc. 1963. 台灣有數個翻譯版本，大部分皆以《榮格自傳》為中文書名。

malum）；但是從阿卜拉克薩斯那裡，他們能經驗到的是一切都不確定的「生命」，以及善與惡之母。

阿卜拉克薩斯的力量是雙面的。但是這對向的力量在你們的眼裡相互抵消，因此你們是看不到的。

太陽之神說的是生命，

惡魔說的是死亡。

但是阿卜拉克薩斯所說的話語，既值得尊敬，也令人咒罵。它同時是生命，也是死亡。

在阿卜拉克薩斯的同一句話、同一個行為之中，同時產生真與偽、善與惡、光明與黑暗。因此，阿卜拉克薩斯是可怕的。

阿卜拉克薩斯，像瞬間撲倒獵物的獅子一樣威猛，像和煦的春日一樣美麗。祂是偉大的牧神（Pan），也是卑微的事物。祂就是普里阿普斯。[16]

在巴西利德的描述下，阿卜拉克薩斯是「原始的兩性兼具」，是涵蓋一切相反事物的存在。

祂是愛，也是殺死愛的兇手。

祂是聖者，也是出賣聖者的叛徒。

祂是白日最耀眼的光輝，也是最瘋狂的黑夜。

看見祂，意味著目盲。
知道祂，意味著疾病。
尊敬祂，意味著死亡。
畏懼祂，意味著智慧。
不抵抗祂，意味著救贖。

你們向**太陽之神**祈求的一切事物，都將招來**惡魔**的行為。
你們與**太陽之神**共同創造的一切事物，都將賦予**惡魔**力量。
這正是可怕的**阿卜拉克薩斯**。

聽到巴西利德所描述的阿卜拉克薩斯，死者們紛紛咆哮，有如發狂般地騷動。因為現在他們知道，自己在未完成的狀態下死去。因此智者巴西利德繼續說下去，一直到說完他的七篇講道。聽到最後，「死者們沉默不語、飄向天空，就像守護家畜的牧者在夜裡焚燒營火，所燃起的一陣青煙……」

不過，就讓我們在此打住吧！我們不需要從頭至尾、一字一句地追從這位住在「東西方交界的

16 原註：普里阿普斯（Priapus）是希臘神話中的豐收之神，他有一根象徵生產力的巨大陰莖，以及醜陋的男性身體。

都市亞力山卓」的智者所說的話。住在遙遠東方特殊島國的我們，應該以自己的力量，在善與惡、光明與黑暗、以及其他各式各樣的對立之中，找出屬於自己的「第三條道路」。不是嗎？

後記

這一次很高興本書能加入「叢書・人間の心理」（「人類心理叢書」），成為其中的一冊。從以前，我就一直很想針對人類心中「陰影的部分」寫些什麼。人這種存在揮之不去的陰影，以及惡的問題，對我來說一直是個不容逃避的重大課題。不與陰影來往，是人生的損失；話雖如此，這個可怕的對象，也並不是我們可以輕易和平相處的。除此之外，因為從事心理治療師這個行業，陰影也是我在每天實際的工作中，必須經常面對的對手。

一九六七、七〇的兩年間，我一面在大學裡親身體驗陰影駭人的影響力，一面在京都大學教育學部講授「心理治療中的惡的問題」課程。雖然當時的大學校園正處於混亂的狀態[1]，但是兼任教師的身分是比較輕鬆的，我的授課也沒有受到什麼阻礙。因為我自己也想將授課內容整理成冊出版，所以當思索社邀請我執筆的時候，我回覆他們「應該很快就可以完成。」沒想到交稿時間卻一延再延，給他們帶來很大的困擾。那是因為在經過了一段時間之後，不但收集的資料增加了，我的

1　譯註：當時日本正處於全國性的學生運動熱潮中。

想法也有了些改變，所以遲遲不能完工。最後終於決定，暫時以現在的型態成書。

事實上，採用《影子現象學》這個書名，是順應出版社的要求之下決定的，我自己並不是很滿意。原本我並不希望用「現象學」這個名稱。但是我也不想為本書冠上「心理學」這三個字。雖然我覺得有這樣子的心理學也不是什麼壞事，但是當前心理學界非常重視以自然科學的方法論來建構體系，而我希望眼前的這本書，與那樣的心理學有所區隔。雖然現象學很難有明確的定義，但既然本書希望盡可能忠實地掌握、描述心的現象，廣義而言，也可以說它運用了現象學的方法。原本一般被稱為「現象學」的作品總是深不可測而難以理解，但這本書並沒有這樣的特質。如果因為這一點而遭到非難，身為筆者的我倒是沒有辯解的餘地。這樣想的話，這個書名或許就是這本書陰影的部分。

我從心理治療師的立場所認識的人們，有許多人透過長期的努力，克服了失自我感障礙症（Depersonalization，亦稱為「人格解體」）或分身（Doppelgänger）症狀。以對心理現象的描述來說，或許忠實地記錄這些人的努力過程，會比本書現有的寫作方式更具衝擊性與說服力。但是我不能這麼做（譯案：為了保護患者的隱私）。本書所敘述的事情，都是以我每日的臨床經驗為基礎，但是因為不能如實地記述這些臨床治療的過程，所以我援用神話、小說或是繪畫，希望能透過這些，向讀者們傳達我所體驗到的陰影的現象。我的努力是否成功？心裡實在是忐忑不安。

陰影的問題不只與自己有關，在思考人際關係的時候，也是不得不考慮的問題。在國際交流日益頻繁快速的今日，我們比以往更需要意識到自己深沉的陰影——就像本書最後一章所探討的。在這個意義下，如果這本關於「陰影」的書能為現代人的生存方式投下一絲光線，對讀者有所幫助，對身為作者的我來說，真的是再高興也不過了。

長期以來，思索社的片山宣彥先生總是不斷鼓勵我，協助我收集資料，在各方面幫助我。僅在此向他致上由衷的感謝。

解說

遠藤周作

這是一部名著。至少以我自己來說，第一次讀完這本書時所品嘗到的那種難以言喻的充實感受，至今仍無法忘懷。

像我這種從小接受老式基督宗教教育的人，心裡一直纏繞著難以告人的煩惱。我的煩惱簡單來說，就是懷疑自己是不是具有雙重人格。不……別說是雙重人格了，自己說不定有三重人格——這樣的想法一直揮之不去。當時我所受到的基督宗教教育，認為表裡不一的年輕人是可怕的傢伙；而在當時的日本社會裡，內心藏著其他想法的人，也被視為陰險、卑鄙、懦弱，缺乏男子氣概。

相較來說，我不是個乖順聽話的年輕人。對我來說，戰時日本社會所教導我們的道德很愚蠢，我壓根兒就不相信。但是在那個時代，這樣的態度絕對不能顯露出來。另一方面，教會則要求我們要有「純潔的靈魂」；但這一點我不管怎麼努力都做不到，真心感到絕望。

雖然說那時候的青年大概人人都是如此，但我確實為了「生活」而戴著面具。為了不讓周遭的人傷心難過，我熱心地上教會，扮演周遭所期待的形象，有時候甚至對自己產生錯覺，一度考慮成為神父。我因為這樣而受到眾人喜愛，卻感覺自己是戴著面具的偽善者，一直強烈地厭惡自己。

既然有面具，那就應該有真實的面貌存在。既然有對外示人的臉孔，那就應該有內在的臉孔。但所謂內在的臉孔並不是像世人所說的，「只讓家人看到的面貌」。因為一般來說，人就算在自己家裡，不論是面對配偶或子女，也總是戴著面具的。就像正宗白鳥所說：「不論哪個人，都有一張寧死也不願讓人看到的臉」。真正的內在的臉孔，就是那張臉。

身為榮格派心理學家的河合先生，用「陰影」（shadow）來形容那張臉。老實說，「陰影」這個字眼給人一種感覺，彷彿它是假的（與真身比起來）。但是讀了河合先生的這本書，我們甚至會開始覺得，說不定影子才是本尊，而我們平常所說的真身，其實只是影子。

剛剛我說「內在的臉孔」，但內在的臉孔也有不同的兩種。其中的一種是除了自己以外，沒有其他人知道的臉孔。

還有一種，是不但別人不知道，連自己也沒有察覺的「另一張臉」。

我的友人井上神父是一位天主教的司祭。[1]他告訴我一件從前居住在法國里昂時所遭遇的，近乎「恐怖故事」的經歷。

某一年的夏天，當井上神父還是位神學院學生的時候，曾經寄宿在里昂一對老夫婦所經營的宿舍裡。老先生身體病弱，老太太則以無私奉獻的精神，無微不至地照顧他。醫生叮囑老太太食物療

1　譯註：井上洋治（いのうえ　ようじ，1927-2014）。

法對老先生的重要性，告訴她病人哪些東西可以吃，哪些不可以。

然而讓井上神父感到奇怪的是，每天晚上出現在餐桌上的、老太太以無比愛心製作的餐點——都是醫生禁止老先生吃的東西。井上神父嚇了一跳，於是提醒病人的妻子。

老太太眼眶含著淚水，表示她了解了。但是接下來的幾天，還是一樣在老先生的盤子裡盛裝他「不應該吃的東西」。老先生因此而疲憊不堪、氣力盡失。當他告訴妻子胃腸不舒服時，老太太忍不住傷心哭泣。她是真心愛著自己的先生。

最終，人的這種複雜的心理讓井上神父感到害怕恐懼，於是「離開了那個家，搬到別的宿舍去了」——井上神父說。

聽到這件事時，我不禁想：「啊～～這就是里昂啊！」。里昂這個城市的人，大多是虔誠的天主教信徒。然而我在里昂留學的兩年半當中，從每年的十一月到翌年三月為止，整個城市的街道都籠罩在乳白色的霧裡。而我就在那無處不在的濃霧中，看到了許許多多四處徘徊的影子。

那些不單純是人的身影，而是榮格所說的「陰影」。我所看到的，是至今仍在夢中追趕著我的陰影。這陰影——讀完這本書的讀者應該都很清楚了——是我的分身。那是另一個我，頂著一張與我極度相似的「內在的臉孔」的男人。

當然，里昂時代的我不可能了解這些事。但是回頭去翻閱當時的日記（請參閱拙著《作家的日記》），那裡面寫的並不是什麼體面的、寫給人家看的事情（比如永井荷風的日記就是如此），而是充滿了惡夢、陰影、小人，以許多篇幅描寫當年反抗運動者遭到殘殺的地點，過去納粹進行拷問的、位於里昂市中心的某個地下室。現在回想起來，我之所以強忍著恐懼深入那棟老建築、凝視它的地下室，是因為我想要觀看人類內心深處的、陰影的部分。

不久之後，我開始以小說家的身分寫作。那時候特別打動我心的作品，是弗朗索瓦·莫里亞克（François Mauriac, 1885-1970）的《苔蕾絲·德斯蓋魯》（*Therese Desqueyroux*）。因為，這部小說或許是最早觸及人類無意識的傑作。小說中的主人翁是一位女性，有一天突然餵她那善良的丈夫喝下了毒藥。但是關於她為什麼會有這樣的心理衝動，作者連一句說明都沒有；而當事人的這位女性，自己也不知道為什麼。來自她無意識的「某種東西」促使她這麼做，但她的無意識過於混沌不明，小說家無法分析。

在為這部小說著迷的時候，我認為無意識是黑暗、泥濘的，是孕育罪惡的領域。一方面那是因為我知道莫里亞克經由佛洛伊德認識了無意識，另一方面則是因為在我所學習到的西歐基督宗教傳統裡，無法訴諸理性、無法清楚意識到的事物是受到排斥的。在這樣的背景下，無意識理所當然地被視為可怕的東西（基督宗教對於神祕主義的態度，就具有這樣的傾向）。

所以，第一次讀完這本《影子現象學》時，我感到一股難以言喻的愉悅。因為它告訴了我一件事——具有雙重性格、三重性格的，不是只有我一個人；人的「心」原本就是這樣構成的。

不僅如此，榮格與河合有一點與佛洛伊德完全不同的地方，那就是他們都強調蘊藏在無意識中的創造性力量。無意識賦予我們人類深刻的洞察力，以及預見未來的眼光。對許多藝術家來說，無意識更是提供他們力量的夥伴。

這本書成為一個契機；因為它，我在小說中描寫人的時候，有了更寬廣的視野。而我之所以開始對文化人類學的書籍產生興趣，也是受到日本最優秀的深層心理學家、河合教授多彩多樣的著作所影響。

這本書讓我們看到，過去被視為不科學、不客觀（？）、非理性而一笑置之的事物，那些我們以為純粹出於「偶然」的事物，其實具有深刻的意義。這本書也是一個起點，讓盲目推崇西歐思辨方式的我們，重新尊重東方與佛教的思想。說得更遠大一點，我在這本書中，聽到了二十一世紀思想的腳步聲，也就是「科學與宗教」（註）的調和。

我想傳達給讀者們的事情是，這本書裡蘊藏了各式各樣的可能性。讓我再說一次——這是戰後的名著之一。

（註）為了避免誤解，我想做一點說明。我在這裡所說的「宗教」，指的並不是擁有特定教團或信徒的既成宗教。我所說的宗教是重視人，以及超越人類的、更大的生命的宗教。也許說是「宗教性」會更為貼切。

PsychoAlchemy 051

影子現象學：探索陰影與它的國度

影の現象学

河合隼雄 Kawai Hayao——著　林暉鈞——譯

出版者—心靈工坊文化事業股份有限公司
發行人—王浩威　總編輯—徐嘉俊
責任編輯—饒美君
封面設計—鄭宇斌　內頁排版—龍虎電腦排版股份有限公司
通訊地址—10684 台北市大安區信義路四段 53 巷 8 號 2 樓
郵政劃撥—19546215　戶名—心靈工坊文化事業股份有限公司
電話—02）2702-9186　傳真—02）2702-9286
Email—service@psygarden.com.tw　網址—www.psygarden.com.tw

製版・印刷—中茂製版印刷股份有限公司
總經銷—大和書報圖書股份有限公司
電話—02）8990-2588　傳真—02）2290-1658
通訊地址—248 新北市五股工業區五工五路二號
初版一刷—2025 年 1 月　ISBN—978-986-357-420-0　定價—500 元

國家圖書館出版品預行編目資料

影子現象學：探索陰影與它的國度 / 河合隼雄 著；林暉鈞 譯 . -- 初版 .
-- 臺北市：心靈工坊文化事業股份有限公司，2025.01
面；　公分 . --　(PsychoAlchemy ; 51)
譯自：影の現象学
ISBN 978-986-357-420-0（平裝）

1.CST: 榮格 (Jung, C. G.(Carl Gustav), 1875-1961)
2.CST: 精神分析學　3.CST: 現象學

175.7　　114000145

心靈工坊 PsyGarden 書香家族 讀友卡

感謝您購買心靈工坊的叢書，為了加強對您的服務，請您詳填本卡，
直接投入郵筒（免貼郵票）或傳真，我們會珍視您的意見，
並提供您最新的活動訊息，共同以書會友，追求身心靈的創意與成長。

書系編號—PA051　　書名—影子現象學：探索陰影與它的國度

姓名　　是否已加入書香家族？ □是 □現在加入

電話 (O)　　(H)　　手機

E-mail　　生日　　年　　月　　日

地址 □□□

服務機構　　職稱

您的性別—□1.女 □2.男 □3.其他

婚姻狀況—□1.未婚 □2.已婚 □3.離婚 □4.不婚 □5.同志 □6.喪偶 □7.分居

請問您如何得知這本書？

□1.書店 □2.報章雜誌 □3.廣播電視 □4.親友推介 □5.心靈工坊書訊
□6.廣告DM □7.心靈工坊網站 □8.其他網路媒體 □9.其他

您購買本書的方式？

□1.書店 □2.劃撥郵購 □3.團體訂購 □4.網路訂購 □5.其他

您對本書的意見？

□ 封面設計　1.須再改進 2.尚可 3.滿意 4.非常滿意
□ 版面編排　1.須再改進 2.尚可 3.滿意 4.非常滿意
□ 內容　1.須再改進 2.尚可 3.滿意 4.非常滿意
□ 文筆／翻譯　1.須再改進 2.尚可 3.滿意 4.非常滿意
□ 價格　1.須再改進 2.尚可 3.滿意 4.非常滿意

您對我們有何建議？

□本人同意＿＿＿＿＿＿（請簽名）提供（真實姓名/E-mail/地址/電話/年齡/等資料），以作為心靈工坊（聯絡/寄貨/加入會員/行銷/會員折扣/等之用，詳細內容請參閱http://shop.psygarden.com.tw/member_register.asp。

廣　告　回　信
台北郵政登記證
台北廣字第1143號
免　貼　郵　票

心靈工坊 PsyGarden

10684台北市信義路四段53巷8號2樓

讀者服務組　收

免　貼　郵　票

（對折線）

加入心靈工坊書香家族會員
共享知識的盛宴，成長的喜悅

請寄回這張回函卡（免貼郵票），
您就成爲心靈工坊的書香家族會員，您將可以——

⊙隨時收到新書出版和活動訊息

⊙獲得各項回饋和優惠方案